「大人」を
解放す
30歳から
の心理学

キム・ヘナム
渡辺麻土香［訳］

Psychology
for
Life
Problems

CCCメディアハウス

「大人」になればなるほど、
"生きづらさ"が増えていく──

年甲斐　責任　劣等感　考え過ぎ　未練

ネガティブ思考　不安　無力感　嫉妬　喪失感

感情の浮き沈み　承認欲求　罪悪感　完璧主義　焦り

老いへの恐怖　憂うつ　冷笑　怒り　気疲れ　心の飢餓感

依存　過干渉　悲しみ　現実逃避　無意識の欲求

仕事の倦怠感　自己嫌悪　バーンアウト　不当な扱い

大切な人の死　コミュニケーション不全 etc…

本書はこれらから
あなたの心を解放する
心理学の知恵を授けます。

Prologue

後悔のない人生を
送りたいなら

　高校時代はいい大学へ入ることを目標に、大学時代はいい会社へ就職することを目標に生きる。その目標さえ達成すれば万事うまくいくはずだ。まあ、少なくともこの勉強地獄からは抜け出せるだろう。ところが、いざ就職してみると、またしてもスタートラインに立たされた気分になる。世の中にはどうして私より優秀な人が、こんなにゴロゴロいるんだろう？　どうして私とあの人たちは、こんなに差があるんだろう？　どうして私だけ得意なことが何一つないように思えてくるんだろう？人に後れを取らないようにあれこれ試してみるものの、やればやるほど気持ちが焦って何をすればいいのかわからなくなる。今だってすでに出遅れている気がして不安なのに、ここでもしさらに間違った方向へ進んでしまったら、いよいよ負け組になりそうで怖いのだ。

　しかも世間は大人になると、大人らしく振る舞えと言ってくる。仕事、職場、結婚、子どもなど、すべては選択の自由だから自分で決めて自分で責任を取れというわけだ。ところがその

一方で、就職したならいい人を見つけて早いうちに結婚しろと
せっつき、子どもは１日も早く産んだほうがいいから、どうせ
なら結婚も急いだほうがいいとご丁寧にアドバイスまで添えて
くる。経済的にもまだ自立しきれていないし、どんな仕事で生
計を立てるかも判然としないのに結婚や子どもと言われても、
本当にその道へ進んでいいのだろうか？　とはいえ、結婚すれ
ば少しは安定した人生が送れるのではないかという期待もある。
しかし、いざ結婚してみると理想と現実の違いを痛感するのが
オチだ。頼れる味方ができたのはいいけれど、結婚したという
理由で受け入れなければならないことがあまりに多すぎる。そ
のため、**しがない現実と、いつまでたっても不透明な未来を前
に自然とため息が漏れるのだ**。それが駆け出しの大人たちが迷
い、悩まざるを得ない理由である。

　私たちは生きていく中で幾度となく選択の機会に出くわす。
そしてそれが人生を左右する重要な選択であればあるほど慎重
になる。ここでの問題は、**あまり考え過ぎると思考の落とし穴
にはまってしまう**ということだ。必要以上に気をもみたくはな
いし、時間も無駄にしたくないけれど、一度始まったネガティ
ブな思考は止まらない。いちいち人に振り回される自分自身も
許せなければ、すぐに傷つく自分も嫌だし、同じ失敗をくり返
す自分にもあきれて、ありとあらゆる言い訳を並べたところで、

結局は単に失敗を恐れて何もできないだけという自分が卑怯に思えてくる。ネガティブな思考の沼に落ちた人たちは、最終的に「どうして自分はこうなんだろう？」と自らを卑下(ひげ)して、過度に自分を責めてしまうのだ。

　私はこの30年余り、精神分析の専門医として働きながら多くの患者に会ってきた。彼らの多くは自分と他者と世間に対して否定的だった。それに加えて自分は愛される価値がない人間だと自らをさげすみ、明日など来なければいいとも言っていた。ところが驚くべきことに、そんな彼らも精神分析治療をとおして、なぜ自分がすべてを否定的に捉えてしまうのか、その原因を突き止めることにより、真っ暗な洞窟から自力で抜け出すことに成功した。不幸な幼少期や愛されなかった過去など、変えられないものを変えようとしたところで苦しいだけだと気づいたのだ。同じ事象を異なる視点から見つめられるようになった彼らは、結果として変わり始めた。

　だから、もしあなたが一度ネガティブ思考に陥(おちい)るとそちらへどんどん引きずられ、小さなことにも不安や悩みを募らせてしまうタイプなら、また何もかもが不安で未来を悲観してしまうタイプなら、今後はそういう時、**あなたの足首をつかんで離さないものが何なのか、何があなたをがんじがらめに縛りつけて**

いるのかをじっくり見つめてみるといい。 ネガティブ思考に陥る根本的な原因を突き止めて、それを取り除くことができれば、思考の落とし穴にはまることなく、今より後悔の少ない人生を送れるようになるからだ。

　あなたの足首をつかむものは何だろう？　それは古傷かもしれないし、両親の過度な期待、あるいは欲しいものが手に入らなかったことによる怒りやねたみかもしれない。愛してほしい相手から愛されなかった過去かもしれないし、耐えがたい別れということもあるだろう。もしかすると一日生きるごとに一日死へと向かう人生に対する虚無感があなたの足首をつかんでいる可能性もある。

　いずれにせよ恐怖の実体を把握すれば、少なくともそれ以上は恐怖に押しつぶされなくなる。真っ暗な部屋にいる時だって、スイッチの場所がわからないうちは怖いけれど、スイッチの場所がわかってしまえば、まっすぐそこへ行き電気をつけるだけだ。同じようにネガティブな思考も、原因がわかればスイッチを見つけて対処することができる。だから悩みが増えた時こそ、ネガティブな思考を生み出す根本原因を探ることが重要だ。

　私たちは欲求が満たされないと心が傷つく。 自尊心を踏みにじられ、侮辱され、羞恥心をかき立てられた時も傷つく。自分

の力でできることは何もないという無力感にさいなまれた時や、誰にも愛されず誰からも求められていないと感じる時も傷つく。

　いうなれば、私たちは何かを強く望むから心が傷つくのだ。人は根本的な生存欲求だけでなく、愛や、カッコいい自分、安全や自律性の確保も求めている。だがそうした欲求は他者が持つ欲求と衝突し、時として満たされぬまま心に残って傷となる。そうして予期せぬ大小の傷を負うたびに、私たちの心と体は悲鳴を上げる。

　しかし、取り返しのつかない傷を負ったからといって打ちひしがれてばかりいたのでは、その代償として大切な現在と未来を失うことになる。だから傷心でつぶれるのも自分自身なら、そこから学んで成長するのも自分自身だということは、しっかりと頭に入れておくべきだ。

　私たちは幸せになるために生まれてきたわけではない。私たちの誕生は、もともと私たちの意思とは無関係なのだ。それでもこの世に生きているかぎり、私たちは幸せになりたいと願う。それは決して過度な欲求ではない。温かな母親の懐や幸せな幼少期、夢多き学生時代や若さを失ってもなお腐らず生きてきた私たちには、幸せになる権利が十分にある。そして、それは自分を押さえつける過去の重圧や、周囲への期待を少し減らすだ

けでかなえられることだ。

　42歳で不治の病であるパーキンソン病という診断を受けた
時、私はとてもその事実を受け入れられなかった。これまで娘
として、妻として、長男の嫁として、2児の母として、医師と
して、教授として、精いっぱい生きてきた結果がこれなのかと
落ちこんだ。耐えがたい怒りが押し寄せて、あとで時間ができ
た時にやろうと思い後回しにしてきたことが永遠にできなく
なったという事実に苦しんだ。

「そんなふうに心配したところで問題は解決しませんよね？
心配しても解決しないなら、心配するだけつらくなるばかりで
すから、その問題は忘れましょう。代わりに、まずは今やるべ
きことと、やりたいことを考えてみてください」

　私が日頃、将来を悲観して不安を抱く患者によくかけている
言葉だ。それなのに、恥ずかしながら当の私は、それを実行に
移せなかった。ただベッドに横たわり、何もできぬまま1か月
ほど経った頃だろうか。私は、ある日突然こんなことを思った。
単に少し体が動かしづらくて不便になったというだけなのに、
どうしてまだ訪れてもいない未来を想像して、おびえたり憤っ
たりしているのだろう？　私はそのせいで時間を無駄にし、世

間と自分自身に対する信頼や希望まで失っていた。ただ少し不便でつらくて、未来が不透明になったというだけなのに、そういう大切なものまで失ってしまったのだ。

　私は変えられないものへの執着と未練を捨てることにした。執着のせいで自分に残されているものまで見失い、後悔するのが嫌だったからだ。このように不可抗力によって発症した病を客だと思って受け入れることに決めたら、はち切れんばかりにこみ上げていた怒りや悲しみが不思議と収まり、不安や悩みも消えていった。そうしてある瞬間から、嵐のように荒れていた心が穏やかになった。

　それから私は変えられないものに執着する代わりに、変えられることに目を向けて暮らすようになった。するべきことよりも、これまでいろいろな理由で後回しにしてきたことに手をつけた。本の執筆を始めたのもこの頃だ。世間はいぶかしがった。体も不自由なのに2人の子どもを育てながら患者も診つつ本を書くなんて、一体どこにそんな時間があるのかと。

　昔なら私もきっと、やるべきことに追われて勇気を出せなかったと思う。特に以前の私は医師として、2児の母として、嫁や妻、娘として、すべての役割を人様に自慢できるほど完璧にこなしたいと思っていたから。しかしパーキンソン病になって自分の限界をはっきり認識してからは、すべてをうまくこな

したいという欲は捨てざるを得なくなった。そしてそんなふう
に欲を捨ててみたら、どういうわけか幸せが舞いこんできた。
人生がシンプルになったのは言うまでもない。

　42歳で発症したパーキンソン病は私に教えてくれた。変え
られないことがある事実を受け入れ、変えられることだけに注
力する人生こそ、誰にも振り回されずに自分が望む方向へ進む
ためのベストな方法なのだということを。

「あとで後悔することになったらどうしよう」

　あなたは今日もくよくよ悩んで寝つけずにいるかもしれない。
だが、ここで1年後を想像してみてほしい。今ここで何もしな
ければ1年後も全く同じ状況が続いているだろうし、だとした
らあなたは全く同じことで悩み苦しみ続けることになるだろう。
それなら何か1つでもいい。行動を起こしたほうがよいのでは
ないか？

　精神分析学において30代は未知の時期だった。単にキャリ
アを積むべく突き進むだけの時期として理解されてきたのだ。
私自身もこの時期は2人の子どもを育てながら患者を受け持
ち、無我夢中で生きているうちに気づいたら40歳になってい
た。しかし今ならわかる気がする。私の人生の土台になってい

るのは、30代の時に積んだ経験なのだということが。

　20代が今後向かうべき方向を定める時期ならば、30代は選択した道の中でどこまで行けるかを考えて地盤固めをする時期だ。だから、その選択がよっぽど間違っていないかぎり、最大限に努力をしたほうがいい。時間というのは正直で、良いことも悪いことも、私たちが注いだ情熱とエネルギーの分だけ結果として返してくるからだ。

　そういうわけで、今後はくよくよ悩んで大切な時間を浪費するのではなく、変えられないことに執着して無駄なエネルギーを消費するのでもなく、**仕事だろうと人間関係だろうと今すぐ実行できてあなた自身の力で変えられることだけに注目してみよう。**

　そうすれば少なくとも、過去を悔やみ未来を悲観して大切な今日を棒に振らずに済むはずだから。また、大事なこととそれ以外のことも自然と区分できるようになるだろうし、忙しいという言い訳でやりたいことを後回しにすることも減るだろう。余計な心配ばかりして無駄に使っていた時間を、大切な人たちと過ごす時間に充てれば、幸福感だって得られるはずだ。そういう日々が積み重なれば、5年後、10年後、あなたの人生は見違えるほど変わっていると思う。

　後悔せずに生きたいのなら、ためらうことなく、どこへでも

行ってみるといい。そうしてそこにある世界や人々に体ごとぶ
つかってみることだ。そこで負った傷はあなたを一層強くして、
その分だけあなたの人生をたくましくしてくれるだろう。

Contents

Chapter 2

感情の暴走を
止められないあなたへ

Chapter 3

あなたを
苦しめているのは
別の問題かもしれない

Chapter 4

人間関係に振り回されない「揺るぎない大人」になるために

Chapter 5

別れのつらさと喪失感で
身動きが取れなく
なってしまったら

Chapter 6
まだまだ長い人生を
健全な心で生きるために

Chapter

1

気持ちの
落ちこみを
コントロールする
思考法

「大人」という
言葉の重さ

老いへの恐怖

年甲斐

責任

　実を言うと、10代の頃の私は年を取るのがものすごく嫌だった。20歳になるなんて世も末で、考えただけでも鳥肌が立つほどだった。ところが、そんなにも20歳を恐れていた私は今、還暦さえとうに超えている。若い頃は「老い＝人生の墓場」のように感じられていたけれど、今はむしろ老いる感覚のほうが気楽で若い頃よりよっぽど楽しい。もう一度若い頃に戻れるとしても戻りたいとは思わない。針のように研ぎ澄まされた感性と、もんもんとした気持ちを抱えて、先が見えない日々を送るなんて二度と御免だからだ。少しへたって鈍くなった感性で、のんびり構える余裕ができた今のほうが断然心地いい。だが、そうはいっても、時として「大人」という言葉に苦しめられる時はある。

　息子が小学生の時のことだ。ある日、彼は私に駆け寄ってきて何やら質問をした。それに対し私が「どうだろう、お母さんもわからないな」と答えると、息子は「大人なのに、そんなこともわからないの？」と言って、ぷいっと背を向け行ってしまっ

た。「わからなくて何が悪いの？　すべてを知るなんて無理に
決まってるじゃない」。訳もなく腹を立てて声を上げたものの、
一方では少し恥ずかしくなった。大人なら何でも知っているべ
きという考えが、私自身の中にもあったからだ。

　そういえば、世間は多少なりとも年齢を重ねた人たちに「年
甲斐」や「年相応」を強要する。兄弟げんかをすれば、上の子ば
かりが「お兄ちゃんらしく／お姉ちゃんらしく」しろと責めら
れるし、大人が子どもじみたいたずらをすれば「いい歳をして、
みっともない」ととがめられる。**自ら進んで年を取ったわけで
もなければ、「大人」にしてくれと頼んだ覚えもないのに、歳
月は勝手に私たちを満たして、その対価を要求してくるのだ。**
　それだけではない。これまで育ててくれた親でさえ、お前は
もう十分大人だから、これからは年相応に自分で対処しろと突
き放してくる。ここでいう「年相応」とは、これくらいの年齢
であれば、これくらいはできて当然という他者からの期待値だ。
その期待値を軸に私たちは「年甲斐がある人」にもなれば、「年
甲斐がない人」にもなる。つまり「年甲斐」は、その人に課せら
れた責任と義務の量に比例するのだ。

　世間では一般的に「子どもは子どもらしく」、「大人は大人ら
しく」あるべきといわれている。この２つを分ける最大の基準

は、行動様式が自己中心的か現実的かという点だ。いうなれば**快楽原則に従って行動するのが子どもで、現実原則を踏まえて行動するのが大人なのである。**だから、子どもなのにやりたいことを我慢して、状況を踏まえた行動をする子は「大人びている」と言われ、現実を無視して勝手気ままに行動する大人は「大人げない」と言われてしまう。

　子どもから見た大人は「俗物」だ。夢もロマンもなく、どこまでも現実にしか興味を示さない、つまらない人間である。一方で大人は、大人らしく背負わされた年甲斐に押しつぶされ戸惑っている。現実社会に順応しなければ「年甲斐がない」と責められて、現実に即して行動すれば「俗物」と揶揄される。このように大人に対する期待値は非常に高い。

「大人ならこうするべき」という前提は、大人になった瞬間から１つの荷物としてのしかかる。世間は大人に多くを期待する。大人はいい仕事に就いてお金を稼ぎ、家族の平穏を守らなくてはならない。ついでに、結婚もする必要がある。それでこそ「真の大人」だと。さらに、大人なら成功法も知っていて当然だ。大人なら、あらゆることを調整し、いっぱしの人生を歩む術を知らなければならない。

　しかも、大人は自分の言動に責任を取ることも求められる。場合によっては自分以外の人の言動についても、単に大人としてその場にいたという理由だけで責任を負うことになる。大人

はむやみに動揺したり興奮したりすることも許されない。いつ何時も理性を保って合理的な判断を下さなければならない。子どもたちの過ちは寛容に許され、時にはかわいいとまで言われるのに、大人は大人になった瞬間から失敗が許されないのだ。おまけに、それで法的責任を追及されることさえある。感情に任せて判断を誤ることも、ささいなことでやたらに喜んだり怒ったりすることも厳禁だ。大人なら落ち着いていることが大前提。感情は抑えてしかるべきものであり、どんなに悲しくても泣き顔を見せることはできない。大人というのは何をしたってとがめられてしまうものなのだ。

このように私たちには、大人になった瞬間から多くの規制がかかる。子どもの頃は、大人は背が高く、力も強くて、やりたいことを何でもできそうに見えた。だから早く大人になりたかった。ところが実際に大人になってみると、そういうことはなかった。世間はやりたいようにやれと言いながら、いちいち茶々を入れてくる。人に自慢できるようなカッコいい人生を送りたい？　だったら頑張ってお金を稼げ！　という具合だ。そのため、人は待ちに待った大人になると、今度は子どもの頃を恋しがり当時に戻りたがるのである。

なぜ私たちは大人に対し、これほど多くを期待し重荷を課す

のだろう？　実際いくら大人でも、すべてにおいて知識と責任を持ち、失敗や心の乱れを一切なくして、あらゆる面で合理的になれる人はいないものだ。大人といえど隙もあれば失敗もある。そもそも人間である以上、どんなに年齢を重ねたところで感情の影響は免れない。大人だって泣くことはあるし、怖くて震える時もある。大人にだって「子どもっぽい面」というのはあるものだ。

　それでも私たちは子どもの頃に描いた「理想の親像」を「大人」という言葉で上書きする。どんな状況でも揺らぐことなく自分たちを守ってくれる頼もしくて完璧な親の姿を、大人という存在に期待するのだ。そうは言っても世の中に完璧な人などいない。だから私たちは「大人なら大人らしく」という言葉に戸惑うのだ。歳月の分だけ年を取ったというだけで、自分を大人とは認識しておらず、今もまだ子どもの気分でいるのである。一方で人は、ふがいない大人にはなりたくないとも考えている。その結果、私たちは「大人」という言葉の重さに押しつぶされ、身動きが取れなくなるのだ。

　ここにステキな新世界がある。「共同性、同一性、安定性」というモットーを掲げるこの場所では、子どもたちが体格や知能、性格といった特性はもちろんのこと、職業や趣味、適性まで人工的に決められた状態で生まれてくる。例えば熱帯地方の

労働者となる予定の胎児には、早々に眠り病とチフスの予防接種が打たれる。対してロケット整備士になる胎児にはバランス感覚を養うべく、逆立ちをしている時にだけ幸せを感じるような処置が施される。

　このように徹底した人工操作を経て大量生産された子どもたちは成人後、生まれた時から決まっている仕事をするだけで、必要に応じた十分な物資の供給を受けることができる。最先端科学設備の力で便利な生活を享受できるほか、セックスに関しても自由。そのため肉体的な苦痛や物理的な悩み、不安や不満は出てこない。それでも悩みや不安を抱いてしまうような時は、幸せな感情を生み出す「ソーマ」という錠剤を飲めばいい。ソーマはしばらく現実を忘れさせてくれるだけでなく、現実に戻る時にも副作用を伴わない特効薬だ。

　これはオルダス・ハクスリーが書いた小説『すばらしい新世界』(黒原敏行訳、光文社) の姿である。小説の中でジョンという男は、新世界の指導者である統制官のムスタファ・モンドにこう言った。

「僕は不幸になる権利を要求しているんです」

「もちろん、老いて醜くなり無力になる権利、梅毒や癌になる権利、食べ物がなくて飢える権利、シラミにたかられる権利、明日をも知れぬ絶えざる不安の中で生きる権利、腸チフスになる権利、あらゆる種類の筆舌に尽くしがたい苦痛にさいなまれ

る権利もだね」

　長い沈黙が流れた。

「僕はそういうもの全部を要求します」

　人間工学によって、すべての人が安定と幸福の中で暮らせるというのに、なぜジョンはわざわざ不幸になる権利を要求したのだろう？　それは、すべてを他人によってあらかじめ定められ、ただそれに従うだけの人生には、人間を規定する最も重要なもの——**自分の人生を自ら選択し実行する自由**がないからだ。ジョンは最終的に「定められた未来」ではなく、自らの自由な選択に従って「自力で切り開く未来」を求めた。それを手にすることができるなら、不幸になる権利をも受け入れると言ったのだ。自分の未来を選択する自由は、人間にとってそれほど大切なのである。

　そんなにも大切な自由を手にするために、大人がするべきことはたった１つ——**自分の人生の荷物を自分で持つこと**だ。まだ非力だった幼少期は、親と社会がその荷物を持ってくれた。だが大人になると、その荷物は自分で持たなければならなくなる。荷物は重くて骨が折れるが、それを持つことで得られるメリットも多い。親に荷物を持ってもらっていた時は、嫌でも親の示すほうへ行かなければならなかったが、それを自ら持つようになれば、その瞬間に自分の行きたい道を選択する自由が手

に入る。道すがら木陰で少し休んだり、小川に足をつけたりも
できる。小道に入ってもいいし大通りを突っ切ってもいい。途
中で昼寝することや、気に入った小石を拾うことも可能だ。も
ちろん、そうしているうちに荷物をなくすかもしれないけれど、
それも自分の選択による結果だから、喜んで責任を負うことが
できるだろう。

　振り返ってみれば、人生の荷物を背負うことは容易なことで
はなかった。深みにはまってあがいたり、重すぎる荷物で全身
を痛めたり、思わず誰かに持ってもらいたいと願ってしまう時
もあった。けれども、どうにか自力で持ち続けてきたおかげで、
自分の人生を自由に歩めたし、大切な人たちにも出会うことが
できた。

　**だからあなたも必要以上に、分別やら、年甲斐やら、大人げ
やらに押しつぶされて、やりたいことを我慢したり、無理に嫌
なことを受け入れたりしないでほしい。周りの人たちと同じ道
を歩まなければ後れを取るなんていう強迫観念からは解放され
ることだ。**35歳には、40歳には必ずこうなっていようという
あなたの目標も、もしかしたら周りが望むあなたの姿であって、
本当のあなたが望む姿ではないかもしれない。

　考えるべきことや、気を遣うべきことが、あまりにも多い大人の人生。しかし、世の中にはあらゆる種類の大人がいて、彼らはそれぞれ自分のやり方を貫きながらお互いに寄り添い合って生きている。だからあなたも喜んで自分の荷物を背負いながら、自分の人生を歩むといい。『すばらしい新世界』のジョンのように不幸をも受け入れる準備ができれば、恐れることは何もない。

人間関係に疲れてしまう
人たちの特徴

承認欲求
劣等感

　アメリカの心理学者ウィリアム・ジェームズは『心理学の根本問題』(松浦孝作訳、三笠書房)で概ね次のようなことを語った。
「社会に放り出して、そのあらゆる構成員から全く注意を払われない状態を作ることができたら、これほど残酷な刑罰は他にないだろう。部屋に入ったのに誰も振り向かず、話しかけても誰も答えず、何をしても気に留めてもらえず、会う人みんなから見て見ぬふりをされ、存在しないものとして扱われたら、私たちはやがて怒りとどうにもならない絶望感を覚えるに違いない。こうした状態ではどんなに残忍な拷問も救いとなるだろう」

　人から無視されたい人などいない。誰かに嫌な顔をされれば落ちこむし、出来損ないと言われれば、自分でもそんな気がしてきてしまう。見捨てられ、疎外されるかもしれないという不安に駆られるからだ。一方で、人から褒められれば気分がいいし、自分のことを覚えていてもらえれば、人生捨てたものではないと感じる。人から無視されたり、バカにされたりしても平然としていられたら、どんなにいいかと思うけれど、人は誰し

も他人の視線が気になるものだ。

　今日もへとへとで帰宅したジェフンさんは、体は疲れているのになかなか寝つけず、しばらく布団の中で寝返りをくり返した。日中、会社であった出来事を思い出したからだ。彼が冗談めかして発した言葉で、隣の席の同僚がわずかに顔色を変えた。同僚は、すぐに何事もなかったかのように、いつもどおり接してきたけれど、どことなくそれまでよりも冷たい雰囲気が漂っている気がした。彼は明日、その同僚と顔を合わせた時に謝るべきか否かで、もんもんと悩んだ。

　気が小さい彼は、自分に対する周囲の態度を過度に気にして、他人の言動にいちいち傷ついた。同僚からそっけなくされれば、急に不安になって何か悪いことをしただろうかと悩み、仕事も手につかなくなる。また几帳面で完璧主義的な性格なので、自分のミスも許せなかった。人から指摘されようものなら、侮辱されたように思えてますます耐えがたくなる。

　自分を評価してくれる上司や同僚から任された仕事であれば、うまくこなすことができた。特に上司からの信任に対しては、200％の力を発揮することもあった。しかし、上から漠然と指示された仕事では、自ら判断を下すことができず及び腰になった。失敗するかもしれないという不安から、誰かに決断を委ねたくなる。そうかといって、部下に丸投げするわけにもいかな

いだろう。そうした点がネックとなって、彼は１つの会社に長く勤めることができなかった。今まで１年以上続いた仕事はない。彼は治療を受ける中でこう言った。

「人から認められたいのは、みんな同じでしょう？」

　たしかにそうだ。**承認欲求は誰もが持つものである。人は他者から認められることで自分の存在価値を確認しようとするものだ。**心理学者アブラハム・マズローも、人間の基本的欲求の中で承認欲求を2番めに置いている。だが承認欲求を満たすための行動は人それぞれだ。それに当然のことながら、うまくやろうという努力も、認められたいという気持ちも、度を越せば毒になる。

　ジミンさんは誰かと一緒だと、相手のささいな反応にまでいちいち神経をすり減らし、すぐにぐったりしてしまう。人から面倒なやつだと思われたり、嫌われたりしたらどうしようと考えて常に気を張っているからだ。友達や会社の同僚たちと飲み会があった日などは、自宅に帰って「あそこであの人が笑ったのは、私がバカっぽく見えたからかな」、「あの人が微妙な顔をしてたのは、私のせいかも」と不安になり、いつまでも眠れないということが多々あった。彼女は、そんな自分が情けなくて、

つらかった。いつも堂々としている周りの人たちと違い、人の顔色をうかがってビクビクしている自分がみっともなく思えた。

　ジミンさんの問題は「関係念慮」が強いことだ。関係念慮とは、周りの人たちが自分を除け者にし、陰口をたたいていると思いこむことである。それにより彼女は会社の廊下ですれ違った人たちが話の途中で笑いだしただけで、自分を見て笑ったのかもしれないと考え、一気に気持ちが落ちこんだ。服に何かついていただろうかとガラス窓に自分の姿を映したこともある。ここで示す関係念慮は、**劣等感**と深く結びついている。自分自身を「至らない人間」と考えているから、相手もきっとそう思っているに違いないと判断してしまうのだ。

　反対に承認欲求を健全に満たしている人たちは、同じ状況に出くわしても何か面白い話をしているのかなと思うだけで、その出来事自体もすぐに忘れてしまう。

　驚くことに、**人は私たちが思うほど他人のことを気にしていない。みんな自分のことばかり考えているのだ。**だから奇妙な光景を見たところで、３日も経てばきれいさっぱり忘れてしまう。要するに、**たとえあなたが失敗しても、それをいつまでも覚えている人はいないのだ。**

　加えて、人は誰しもそれぞれ事情を抱えているということを忘れてはいけない。出勤後、あなたが挨拶をしたのに上司が返

事をしなかったとしよう。あなたは、自分に何か落ち度があったのではと考えるかもしれない。しかし、もしかすると上司は出勤前に妻と口げんかして機嫌が悪くなっていたとか、上層部からの呼び出しに気落ちしていただけかもしれない。たしかなのは、**その原因があなたではない可能性が非常に高い**ということだ。それでもいちいち他人の評価におびえて顔色をうかがい、相手の反応に一喜一憂してしまうなら、一度静かに自分自身の心の中をのぞいてみるべきだろう。

　なぜなら人の目は、いつよそへ向いてもおかしくないものだからだ。人の目に必要以上の意味を持たせると、誰からも目を向けられなくなった瞬間、あなたは「人から愛されない」、「見捨てられた」存在になってしまう。たとえるなら、あなたは風船を握りしめているようなものなのだ。誰かの歓呼や感嘆で風船が満たされている時は空高く飛ぶことができるが、人から目を向けられなくなると途端にしぼんで地面に落ちてしまう。そういうわけで人の目を過度に気にする人は、自分をありのままに愛してくれない相手への怒りと、目を向けてもらえなくなるかもしれないという不安から、空虚感に苦しめられることになる。

　もしかしたらあなたは、すべての人から好かれたいと願っているのかもしれない。愛されなかった幼少期の記憶のせいで、愛されないことを「災難」と捉えてしまっているのだろう。

しかし、すべての人から好かれて認められるなんて、到底無理な話だ。**面識がある人のうち、30％があなたを好きで、50％が好きでも嫌いでもなく、20％があなたを嫌うなら、その人生は成功といえるはずだ。**それにあなたを嫌う人がいるというのも、あなたに至らない点や非があるからではなく、単に性格や価値観が合わないというだけだ。言ってしまえば、あなただって、すべての人を好きなわけではないだろう。だから、全員とうまくやらなければならないという強迫観念に駆られて自分を追いこむことはない。嫌いな人とまでうまくやろうとして無理をする必要はないのだ。

　それに、たとえ相手から嫌な顔をされても、あなたには何の危害も及ばない。**もしそれが親しい相手なら、その理由を尋ねてみればいい。だが、もしそれがどうでもいい相手なら、気にすることなく、その分のエネルギーをあなたが大切だと思う人たちに注いでみることだ。**久しぶりに連絡すれば相手は喜ぶだろうし、その喜びがあなたの心を満たしてくれるに違いない。親からは小言を聞かされるかもしれないが、場合によってはその小言があなたを心から癒してくれる可能性もある。そんなふうにすべての人から認められ、好かれたいという気持ちを捨てれば気づくはずだ。**人生の真の幸せは、あなたが愛する人から愛される時に得られるものだ**ということに。

どうして私はこんなに
悩むのか？

考え過ぎ

優柔不断

未練

　娘は時々、私と夫がどうやって出会い結婚したのか、馴れ初めを聞きたがった。そしていつだったか、私たちが初めて出会った大学時代の話をした時に、こんな言葉を返してきた。

「パパが浪人しなかったらママには会えなかったわけだから、私もこの世にいなかったことになるよね？　よかったぁ、パパが浪人してくれて」

　そう言い残して走っていく娘を見て、私はしばらく笑いが止まらなかった。娘が言うように、たった1つの選択が多くのことを変化させる。もし私が医大に入っていなければ、もし夫が浪人していなければ、私の人生はどう変わっていただろう？

　そういうことがあるから、私たちは選択の瞬間に慎重になるのだ。何を選択するのがベストなのか。その選択が後悔につながることはないか。うかつに決断して失敗したらどうしよう。取り返しのつかないミスをしないだろうか。今日も選択の岐路(きろ)に立たされた人々は、無数の可能性の前で揺れ動く。あれこれ比較して熟考したつもりでも、いざ選択の瞬間が訪れると、なぜか不安で気もそぞろになる。自分の選択が正しいと確信でき

ないからだ。

　不確実性が増した時代ともなれば、ますます選択は難しくなる。本来、不確かなものというのは好奇心を刺激して、もっと知りたいという冒険心やチャレンジ精神をくすぐるものだ。もしすべてが決められたとおりに進み、何もかも予測できるとしたら、わざわざ意志や希望を持って努力する必要はないだろう。ただそのレールに乗るだけで、自ら行動を起こす必要がないからだ。

　不確実性が持つ可能性の要素は人間関係の中にもある。私たちは相手の心が正確に読めないから気をもんで、相手の心をつかもうとあらゆる努力をする。映画を見たり小説を読んだりする時もそうだ。ベタな結末には何の興味も湧いてこない。だからこそ、私たちは最後まで結末が予測できないとか、予測をはるかに超えるような映画に興奮するのだ。
　そういう意味でいうと、不確実性は人間という存在にとって1つの前提条件であり、精神発達における推進力でもある。また何らかの大きな流れや規則の中に存在する**不確実性は、人生のスパイスにもなって、楽しみにもなる。**だから私たちはスタートで出遅れても、勝負は最後までわからないという言葉を胸に新たな挑戦をして、何かにしがみつき努力をするのだ。人生と

は、実際に歩んでみなければ誰にもわからないものだから。そう考えると、不確実性は時として私たちに希望を与えてくれるものでもある。

とはいえ不確実性が大きすぎると、私たちは広い砂漠に1人取り残されたような気分になる。すると不安指数は高まって、今後直面するかもしれない危機に備え、自己防御本能と攻撃性が増してしまう。

残念なことに私たちの社会は、だんだん不確実性が増してきている。世の中はものすごいスピードで変化しているし、トレンドも一瞬で入れ替わる。終身雇用は消え去って、どの企業が10年後、20年後まで存続しているか誰にもわからない状況だ。その上、全世界が綿密につながっているので、よその国で起きた政治的、経済的変化が自分たちの国にまで即座に影響を与えてくる。新型コロナウイルス感染症のパンデミックやロシアによるウクライナ侵攻によって全世界が疲弊する現状にしても、数年前には誰も予測できなかったことだ。

そのため絶対に誤った選択をしたくない人たちは、なかなか決断できずに二の足を踏む。株を買うべきか売るべきか、今からでも不動産の勉強をするべきか、今すぐ会社を辞めて起業しても大丈夫か、それとも早いうちに転職したほうがよいのか、

結婚のタイミングはいつがいいのか……。人生における重大な決断を前に、悩みは深まる一方だ。そうはいっても、24時間そのことばかり悩んでいるわけにもいかない。なぜならそれ以外にも即座に選択し、結論を出さなければならないことが山ほどあるからだ。進行スケジュールが決まったプロジェクトについて誰に相談するべきか、こじれた人間関係をどう修復したらいいか、お昼には何を食べようか、体調が悪いからディナーの約束はキャンセルしたほうがいいかなど、私たちは1日の中で数百もの選択をし、その結果と向き合っている。

　そのせいだろうか。人は選択を前にして疲労感を訴えることがある。そういう時はもう少し考えてみようと決断を先送りしがちだ。だが、そうしたところで妙案が見つかるということはない。明日まで、もしくは明後日まで、もっと情報を集めてから決めようと思えば、先送りした分だけ不安が募るだけだ。
　にもかかわらず、人は統計と分析資料を基に理性的な判断を下してこそ優れた決断ができるものと考える。だが、あまり根詰めて考えると、かえって解決策は浮かばなくなるものだ。**無意識に直観で考えれば正しい判断ができるはずのところで、直観という知恵を遮断してしまうからである。長く考え過ぎると、むしろ細かい部分にまで気を取られ、誤った決断を下す確率が高まる。**だとしたら、どうすればベストな選択ができるのだろう？

1

無駄に多くの情報を集めることに
注力しないこと

　情報が多いほど優れた意思決定ができるという思いこみを
「情報バイアス」という。意思決定に必要な情報はすでに十分
にそろっているのに、情報収集自体に酔ってより多くの資料を
求めてしまう現象だ。だが必要以上の情報は無駄になるばかり
か、むしろ誤った判断に至る確率を上げてしまう。大量の情報
に嫌気がさして、手をつける前から投げ出すなどということに
もなりかねないわけだ。

　これについて神経科学者のジョナ・レーラーは、『一流のプ
ロは「感情脳」で決断する』(門脇陽子訳、アスペクト)で行き過ぎた
熟考の危険性に警鐘を鳴らし、判断基準の絞りこみを推奨して
いる。ボールペンやノート選びなど比較的簡単な決断において
は、さまざまな情報を基にじっくり比較分析したほうが正確性
を高められるが、**難しい判断が必要な時は最も重要だと思う項
目を4つ程度に絞ったほうが良い結果を得られる**というのだ。
例えば自動車を買う場合、価格、ブランド、デザイン、色、燃
費、乗り心地などすべての要素をチェックするのではなく、最
も重視する4つの要素だけチェックして決断を下したほうが満

足度ははるかに高くなるという。

　このように難しい決断であればあるほど、判断基準は少ないほうがいい。だから、もう無駄にたくさんの情報を集めようとしないことだ。ストレスがたまるだけだから。

2
あちらを選んでいたらどうなっていたか
という未練を捨てること

　どちらを選択するにしても、それぞれ長所と短所があるものだ。だから選ばなかった選択肢に未練が残るのも無理はない。人はどうしても、あっちのほうがよかったかもしれないと、事あるごとに考えてしまうものだ。しかしどちらか１つを選んだなら、残りの選択肢はきっぱり忘れるべきだ。どちらも手に入れようなんて欲張りでしかない。

　例えば、初めての海外旅行でイギリスのロンドンへ行くことにしたとしよう。そうと決まればロンドンで何を見て、どんな経験をするか決めるのが筋だ。それなのに、いつまでもぐちぐちと、やっぱりパリやバルセロナのほうがよかったかもしれないなんて悩んでいたら、そのうち脳が疲れてしまい、まともにロンドン旅行の計画を立てられなくなる可能性がある。それな

らば決断を下した時点で別の選択肢への未練はすべて捨て、自分の選択を最高のものにするべく努力したほうがいいだろう。法輪 和尚 [「アジアのノーベル賞」とも呼ばれるラモン・マグサイサイ賞を受賞した韓国の著名な僧侶] も言っているではないか。**結婚するか独身を貫くか、重要なのはそこではなく、結婚したら結婚生活が幸せになるように、独身を貫くなら1人での暮らしが幸せになるようにしなければならないと。**

　また、未練や後悔から決定をコロコロ覆していては、自分自身への信頼も、自分に対する他人の信頼も揺らぐという事実は肝に銘じておくべきだ。

3
最悪の場合を想定すれば
答えが見えてくる

　ある日テレビのチャンネルを回して、たまたま目についた「ユ・クイズ ON THE BLOCK」[韓国のトークバラエティ番組] を見ていたら、MCのユ・ジェソク [韓国の国民的な司会者] がゲストとの会話の中で自分の意思決定方法について話し始めた。彼は難しい決断を迫られた時、次のように考えるという。

「この選択によって起こり得る最悪の事態は何か？　自分はその事態に耐えられるか？」

彼はこの2つの問いを自分に投げかけ、耐えられると思ったらその道へ進むと言っていた。私はその言葉に思わずうなずいた。なぜなら、私にも同じ質問をとおして選択した経験がいくつもあったからだ。

　一般的に人は選択をすると、最初からバラ色の未来を想像してしまう。例えば株を買ったなら、100万ウォンの利益が出たら何をしようかというふうに。それゆえ株価が1％でも下がると、にわかに焦って気が動転する。起業を決意する時も同じだ。自分のアイデアが大ヒットしたら、そのお金で何をしようかと夢を膨らませ、これまで自分を見下してきた友人たちの鼻を明かそうと考える。だから実際に開業し、バラ色の未来どころか思うようにいかない日々が続くと、他人や世間のせいにして打ちひしがれるのだ。
　だが、ある後輩は人を採用する際に、この人のせいで5000万ウォンくらいの損失が出ても、恨むことなく尻ぬぐいができるかという問いを自らに投げかけると言っていた。そうすると優れた能力はあってもなぜか好感が持てない人と、能力は少し劣ってもすこぶる感じがいい人のうち、どちらを選ぶかが明白になるそうだ。彼は最終的に感じがいい人を選び、そのおかげで多少苦労しているものの、自身の選択には後悔していないと

言っていた。

　このように**前もって最悪の事態を想定してみると、自分が何
に重きを置いているか、求めていることは何なのか、どんなこ
となら耐えられて、どういうことだと受け入れがたいのかが明
確になり、後悔のない選択ができるようになる。**するとどんな
困難に直面しても、そう簡単には絶望しなくなるし、たとえ失
敗したとしても後悔したり誰かを恨んだりすることなく、どう
すればその困難を乗り越えられるかにフォーカスを当てられる
ようになる。なぜなら事前に困難を受け入れる覚悟ができてい
るからだ。人は重要な選択であればあるほど、最悪の事態を想
定することで後悔のない決断を下せるようになるのである。

　よく知らない分野にチャレンジする時は、何が最悪の事態な
のか予想できないこともあるだろう。そういう時は、その分野
で成功した人たちの話に耳を傾けてみるといい。その中には必
ずヒントがあるはずだから。

4
何もしなければ、
1年後に必ず後悔することになる

彼氏もいない女性が、どこで結婚式をするべきか悩んでいる

としよう。あなたはきっと、お願いだからそういうことは彼氏を作ってから考えてと言うはずだ。ところが、こうした気が早い検討は案外多くの人がしているものである。宝くじを買う前から当選金で何をしようかと考え、大学院に願書を出す前から仕事と学業の両立に悩む。そういうことは宝くじを買ってから考えても遅くないし、大学院に合格したあとで考えてもいいことだ。何事もアクションを起こして初めて次の段階へ進めるのである。

　だが人間とは不思議なもので、そうやって先回りして悩んでおきながら、結局はやらずじまいで終わることが多い。初めの１歩が踏み出せないのだ。もちろん彼らは言うだろう。万全の準備をしてから臨みたい、準備が整ったら始めたいと──しかし何事も実際に動いてみれば、準備段階では全く想像もつかなかった出来事に出くわすものだ。

　41歳で国立精神病院を辞め、個人病院を開業した時のことだ。当時の私はそれなりに多くの患者を抱えていたから、開業すれば引きも切らずに患者がやってくると思っていた。それなのに、どういうわけか患者が１人も来ない日が続くではないか。０人、０人、１人、０人……。そんな日々が３か月にも及んだ。私はそこで初めて、たくさんいた患者たちは私の診察を受けに来ていたのではなく、国立精神病院という大きな看板に集まっ

ていただけなのだと気づいた。それからあたふたと周りに頼み
こみ、チラシをまいて病院の宣伝を始めた。患者が1人、2人
と訪れるようになって正常な病院運営ができるようになったの
は開業から半年後のことだ。

　私は国立精神病院を辞める時も、患者が来ないかもしれない
なんて、1mmも考えていなかった。今思えば当然チェックし
ておくべき部分なのだが、当時は自分の実力を過信していて、
そういう問題が起きるなんて全く予想していなかった。

　例えば、自分が小さなコーヒーショップを開いた数か月後に、
向かいの建物で大型のコーヒーショップが営業を始めたらどう
するべきか？　婚約したはいいものの、コロナなどの社会情勢
によって結婚延期を余儀なくされたらどうすればいいのだろ
う？　**どんなに完璧な準備をしても、いざ実行に移すとなれば
予測外の事態に巻きこまれ、計画の修正が必要になるものだ。**
　それでも私は国立精神病院を辞めたことを後悔したことはな
い。最初の6か月間は怖くもあったけれど、結果として患者の
診療に集中したいという私の願いはかなえられたからだ。
　ゆえに時間をかけて熟考すればいい結果が出るという幻想は
捨て、何事も少しずつでいいからチャレンジするべきだ。あな
たが誤った選択を恐れて決断を先延ばししている間に、どこか
の誰かは勇気を出して何かを始めている。ＳＮＳやブログを始

めようと思いながら後回しにしている人と、１週間に１、２件でもコツコツ投稿している人の１年後は違って当然だ。**無駄骨に終わりそうだからとか、間違った選択をしそうだからという理由で尻ごみして何もしないことこそ最悪の選択だと思う。**なぜなら何もしていない人は発展や成長がないだけでなく、最終的に淘汰されてしまうからだ。

ポジティブ思考と
ネガティブ思考の
黄金比

ネガティブ思考

　ジニョンさんは朝目覚めて時計を見た瞬間にぎょっとした。なんと時計の針が出勤時間の15分前を指していたからだ。もう最悪。かろうじて顔だけ洗って外に出たはいいものの、今日にかぎってタクシーがちっとも捕まらない。

「やっぱり、私ってついてないな」

　15分経ってようやくタクシーを捕まえた彼女は、早鐘を打つ心臓をなだめながらメッセージアプリをチェックした。部長宛てに謝罪の言葉と、急いで向かう旨のメッセージを送ったのだがまだ返事がきていない。恐ろしい部長の顔を想像したら心臓が縮み上がった。バックミラー越しに一瞬目が合った運転手は、なんとなくあきれた顔をしているように見える。手鏡でちらりと顔を確認すると、髪はボサボサだし、すっぴんの顔は見られたものではなかった。

　会社員なら誰にでも一度くらいこうした経験があるだろう。ところが、何事もネガティブに捉えてしまうジニョンさんの思考はここで終わらなかった。

「昨日の業務も片づいてないのに遅刻までするなんて、きっと部長に怒鳴られる。それでなくても良く思われてないのに、一体何を言われるだろう？　辞めちまえなんて言われたら、どうしたらいいのかな。同僚からも、バカにされるよね。今だってきっと私の悪口を言っているに決まってる。ああ、私って、どうしていつもこうなんだろう？　責任感もなければスキルもないし、おまけに怠け者……。本当に自分が嫌になる。どうしようもない役立たずだ。もう、このまま死んだほうがいいのかも」

　すると急に目の前が暗くなり息が苦しくなってきた。何の希望も見いだせない。このままどこかへ消えてしまいたかった。彼女はタクシーを降りたものの、どうしてもオフィスに足を向けられなかった。体はもうすっかりくたくたになっていた。

　彼女は昨日の業務をやり残し、今日の朝は遅刻をした。普通の人なら遅刻をした時、一刻も早く会社へ行って、二度とこんなことはするまいと誓うだろう。ところが彼女は異常なまでに自分を責め、自らを過度に追い詰めた。

　ジニョンさんの場合は度を越えて自己卑下が激しいけれど、周りを見渡せば彼女のように何でもネガティブに捉えてしまう人は意外と多い。彼らは他人と全く同じ状況に置かれても、ネガティブなことはよりネガティブに、ポジティブなことさえネガティブに捉えて、ほとんどポジティブには受け止められない。そのため楽しいことはめったに起きず、どちらを向いても不快

なことだらけだ。おまけに、私の人生はめちゃくちゃだ、自分
なんて嫌いだと言いながら自らを壊してしまう。ささいなこと
から自分の存在意義まで否定して、自分を役立たずで価値のな
い人間だと決めつけるのだ。

　もともとネガティブな思考というのは、数珠つなぎに連鎖し
ていく傾向がある。それゆえ一度始まったネガティブ思考は、
まるでブレーキが壊れた自動車のように、どこまでも突き進ん
でいく。ネガティブ思考を断ち切るには、ひとまずネガティブ
思考の代表的なパターンを知ることが必要だ。それを知って初
めて脱出方法が見つかるのである。

1
私は出来損ない、
誰も私なんて愛してくれない

　ジニョンさんは極端な「白黒思考」で物事を捉えている。彼
女の中に「中間」はない。すべては失敗か成功か、2つに1つだ。
彼女のような人たちは往々にして完璧主義的な傾向を持つ。だ
から小さなミスや失敗も許せないのだ。実際に彼女の配属先で
は現在、連日残業が続いていたから、小さなミスをしたくらい
で目くじらを立てられることはなかった。彼女自身も他の人が

遅刻した時は、疲れているのだろうと気にも留めなかった。それなのに自分の遅刻については、無能で怠け者な証拠だと決めつけてしまう。こうした白黒思考は、別の分野にも影響を及ぼす。人間関係も好きか嫌いかの2択で、中間が存在しないのだ。

　しかし実際の人間関係は、好きでも嫌いでもない「普通の関係」のほうがはるかに多い。それでも白黒思考の持ち主には中間が存在しないため、明確な好意を見せてこない人は「私のことが嫌いな人」になってしまう。そしてそういう「1人」を、いつのまにか「みんな」に広げて、すべての人が自分を嫌っていると思いこみ、そうなる理由を自分の中に探す。自分は無能で怠け者だからとか、不細工だからという結論を下すのだ。

　さらにジニョンさんは、1つの出来事をまるで全体かのように受け止めている。これは**「過剰一般化」**といわれ、例えばそれまで1位しか取ったことのない子が一度10位になっただけで自分は出来損ないだと結論づけてしまうことと同じだ。その前に何度も1位を取っているという事実は無視して、たった一度の失敗を一般化するのである。実際ジニョンさんは社内において、勤勉で誠実という評価を受けていた。にもかかわらず、一度の遅刻によって自分は怠け者で会社に損害を与える人間だと一般化してしまったのだ。このように一度思考がネガティブな方向へ流れると、いつのまにかプラスの面はすべて見落とさ

れ、悪いところばかりが目につくようになる。こうなれば、すべてをネガティブに判断してしまうのも当然だ。

　実のところ、ジニョンさんは業務において高度なスキルを持っていた。ところが近頃は頭痛で集中できず、ふだんならあり得ないミスを犯していた。几帳面でいつも完璧な彼女のミスを受け、同僚たちはジニョンさんでもミスをすることがあるのだなと笑って受け流していた。それなのに当の本人は、みんなが自分のミスを手ぐすね引いて待っていて、ここぞとばかりにあざ笑ってきたと勘違いした。このように、彼女はどんな状況でも全体の流れを無視して、ひたすらマイナス面だけをすくい取り、ネガティブに捉えてしまう。

2
良い結果は偶然で、
悪い結果は私のせい

　ネガティブな人たちは世の中を測るものさしを2つ持っている。1つは弾力性と伸縮性に優れた、物事を柔軟に測れるものさし。もう1つは鉄でできているうえに、目盛りもやたらと細かくて一切の例外も認めない、杓子定規なものさしだ。彼らは他人を評価する時、伸縮性のあるものさしを使う。だから他人

の失敗については、きっと何か理由があったのだと解釈できる。一方で自分自身を評価する時は、**鉄のものさし**を持ち出す。その結果、評価は厳しくなり、やっぱり私はダメなんだという結論に至ってしまう。こうした思考の傾向を、**「意味の拡張」**もしくは**「意味の縮小」**という。

　誤った意味の拡張／縮小が行われた場合、ネガティブな事柄の意味は拡大し、ポジティブな事柄の意味は縮小する。それゆえ悪い結果が出れば過度に自分を責め、良い結果が出たら偶然だと一蹴する。ジニョンさんの場合も同じだ。**周りから褒められた時は意味を縮小しお世辞だと考えて、周りから少しでも批判されればそれこそが日頃の本音だと拡大解釈する。**また、これまで順調に仕事をこなせたのはすべて偶然のなせるわざであり、運が良かっただけだと考える一方で、一度のミスは自分の本来の姿が露呈したものだと考える。

　彼女は**「常に」**、**「必ず」**、**「完璧に」**、**「〜しなければならない」**といった、必然性と絶対性を持つ言葉をよく使う。そうした単語は恐怖や怒り、ショックや罪悪感などと結びつきやすいため、憂うつな感情を引き出してしまう。だが私たちの現実は決して「常に」、「必ず」、「完璧に」はいかないものだ。運が味方することもあれば、不運に見舞われる時もある。だから、それに合わせた柔軟で順応性の高い思考が必要だ。もちろん、自分に厳しく他人に寛容であるに越したことはないけれど、それも度を

越えれば毒になる。

3
私は役立たずだ

ジニョンさんは最近犯したミスと一度の遅刻によって、これまで積み上げてきたものを自らの手ですべて壊してしまった。自分のことを「落ちこぼれ」、「役立たず」だと思いこんでしまったのだ。このように思考のエラーに基づいてネガティブな自己像を作り上げることを「**レッテル貼り**」という。普通の人はミスをすると、失敗しちゃった、次からは気をつけようと思う。対してジニョンさんは、私は生まれながらの出来損ないだと自分にレッテルを貼ってしまう。これではミスを挽回するチャンスが来ても、彼女は何もすることができない。なぜなら彼女は生まれながらの出来損ないであり、あらゆるものを壊してしまうのが目に見えているからだ。

States of mind model (精神分析モデル) によると、**ポジティブ思考とネガティブ思考の黄金比は1.6：1だ**。このバランスを保てれば、ポジティブな状態をキープしつつ、ストレスとなる危険要素にも十分な注意を注ぐだけの対処能力が備えられる。

ここで重要なのはポジティブな人でもネガティブなことを考えるという事実だ。 私たちは得てして、ポジティブな人はネガティブなことを考えないと思いがちだが、それは誤解である。なぜなら生きていれば突発的なアクシデントが無数に起こるし、いつどこでだって危険な状況は起こり得る。それに対応するためにはネガティブな思考が不可欠だ。ただしポジティブな人たちは、決してネガティブな思考に最後まで固執しない。私たちの願いとは裏腹に不幸に直面することもあるのが人生だと承知して、どんなにネガティブな事柄もポジティブに受け止める努力をする。

　反面、子どもの頃から心に大小の傷と苦痛を受けて、物事をネガティブに捉えるようになってしまった人たちは、自分が直面したあらゆる出来事をネガティブな思考パターンに基づいて解釈しようとする。何の希望もなく無気力な状態で過ごした幼少期と同様に、今回もそうなるに違いないと早々に見切りをつけてしまうのだ。

　もしどうしてもネガティブな発想が次々と浮かんでくるのなら、先に述べた思考のエラーを参考に、あなたがどんなパ

ターンをくり返しているのか分析してみるといい。思考のパターンがわかってしまえば、再び似たような状況が訪れた時も、私はいつもの癖でネガティブなことばかり考えているのだなと問題点を認識し、ひとまずその思考を食い止めることができるようになるからだ。そうやって思考の方向を変えた時、あなたの人生がどう変わるか、その効果を実感すれば、徐々にネガティブ思考の檻から抜け出せるようになるだろう。

　あるアメリカ先住民の老酋長（ろうしゅうちょう）が幼い孫に語りかけた。われわれの心の中では2匹のオオカミが戦っている。1匹は怒りと不安、悲しみと嫉妬、貪欲と罪の意識と劣等感を持っていて、もう1匹は、喜びと平安、愛と忍耐、謙遜と親切を持っていると。孫はそこで問い返す。どっちのオオカミが勝つの？　すると、酋長は笑みを浮かべてこう答えた。**「お前が餌をやったほうが勝つんだよ」**

　このように、心の中の2匹のオオカミのうち、どちらに餌を与えるかは私たちの選択にかかっている。にもかかわらず、ネガティブな思考に引きずられてしまうというのなら、**自分以外の人が同じ失敗をした時に何と声をかけるか考えて、それと同じ言葉をあなた自身にかければいい。**きっとその言葉が、あなたが今までどれだけ自分を追いこんでいたかに気づかせてくれるだろう。

不安の90%を消す
最もシンプルな方法

不安
考え過ぎ
ネガティブ思考

　考え過ぎる人のほとんどは、ただの心配性だ。長々と考え続ければ、思考はネガティブなほうへと流れやすくなる。その代表例こそが心配性だ。もしこうなったらどうしよう、失敗したら、予想どおりにいかなかったら……。そんなふうに心配し始めたら、頭の中は一瞬にして不安でいっぱいになる。すると何もしないうちから時間だけが流れてエネルギーを消耗し、無駄に疲れてしまうものだ。それどころか、そもそも私たちが心配するのはピンチに備えるためだというのに、何も行動していないから解決すべき問題は残ったままである。こうした心配症の人たちにとって、「きっとうまくいく」、「大したことはない」、「大丈夫」という言葉は、何の救いにもならない。なぜなら彼らは今すぐにでも心配のタネに押しつぶされんばかりの不安に包まれているからだ。だが、世界的な作家でライフコーチでもあるアーニー・ゼリンスキーは、『スローライフの素602』(井辻朱美訳、ヴォイス)で心配について次のように述べている。

　「われわれの心配の40パーセントは、決して起きない出来事

に対するもの、30パーセントは、すでに起きてしまった出来事に対するもの、そして22パーセントは取るに足らないことに対するもの、4パーセントはわれわれが変えられないことに関するもの、そして4パーセントだけが、われわれが働きかけることのできる物事に対するものだそうです。つまり心配事の96パーセントは、コントロールできない物事に対する心配だというわけ。**心配の96パーセントは無駄**だということになりますね」

　心配がどれほど無駄なのかは、こういう質問をしてみればわかる。

「1年前の今日、どんな心配をしていたか覚えていますか？」

　人は大抵3日前に何を食べたかすら覚えていない。これに関して19世紀のドイツの心理学者ヘルマン・エビングハウスは、人の記憶に関する研究の中で**「忘却曲線」**という理論を残した。時間の経過に伴う記憶の損失程度を研究したのだ。エビングハウスは、「子音、母音、子音」で成り立つ無意味なアルファベット3文字を被検者に覚えさせ、その記憶がどれくらいで失われるかを調査した。被験者は20分もすると覚えた内容の42％を忘れ、1時間後には56％、30日後には79％を忘れた。

つまり人は、たった１か月で覚えた内容の80%近くを忘れるのだ。では１年後はどうだろう？　もしかすると、ほとんどの人は「何かの実験をした」という程度しか覚えていないかもしれない。人はそれだけ簡単に忘れる「忘却の生き物」だ。したがって今は深刻に悩んでいても、１年後に振り返れば何を悩んでいたかさえ忘れている可能性がある。だとしたら、余計な心配で人生を無駄にしないためには、どうしたらよいのだろう？

1
コントロールできることと、
できないことを区別すること

　無駄な心配か、今するべき心配か。その判断がつかないのなら、自分でコントロールできることかどうか自問自答するといい。その問題に対して自分にできることがないのなら、それはまだ起きていないか、自分でコントロールできない問題である可能性が高い。例えば、家族が急に病気で倒れたらどうしようという心配は、今したところで何の意味もない。まだ起きていないことなので、現時点でできることが何もないからだ。そういう心配は思い切って今すぐゴミ箱に捨ててしまおう。

2

あなたが許可さえしなければ、
不安は決してあなたを襲えない

　生きていれば誰だって不安になる時がある。そしてその不安は大抵、ある程度までは膨れ上がっても、時間が経てば自然と静まるものだ。どんなに不安なことであっても、心配するほどの惨事にはならない。だから不安になったからといって恐れる必要はない。とはいえ迫りくる不安を無理に押しこめようとすれば、不安は雪だるま式に大きくなって、ある瞬間に私たちをのみこんでしまう。取るに足らないことにさえ手が震え、心臓が早鐘を打ち、目の前が真っ暗になるのだ。不安におびえてしまったら、何もできなくなる。怖くて逃げ出そうものなら、それを思い出すたびに恐怖がよみがえり、同じような状況に対してますます二の足を踏むようになる。だから**不安を克服したいのならば、逃げるのではなく向き合うことだ。**

　ここで重視するべきは、「まだ何も起きていない」という事実である。これについて心理学者アドラーは、不安は「人生の課題から逃れるために作り出される感情」だと述べている。例えば対人関係など、生きていくうえで避けられないものを「人生の課題」と考えた場合、それに取り組むのがつらくて逃げたくなる感情が「不安」というわけだ。

だが言ってみれば「人生の課題」というのも、私たちが周りの人や世間に認められるために自ら作り出したものにすぎない。宿題を提出したのも、宿題が終わらない気がして不安になるのも、すべて私たち自身だ。

　だから、不安になることを必要以上に恐れてはいけない。不安はしばらく留まるだけで、そのうち消えてしまう感情だ。要するにあなたが許可さえしなければ、不安は決してあなたを襲えないのである。それでも不安と向き合う勇気が出ないなら、**不安が首をもたげた時に「大丈夫、まだ何も起きてない」と自分をなだめる**のも1つの方法だ。

3
今すぐアクションを
起こすこと

　自己啓発のパイオニア、デール・カーネギーはある時、人生のあらゆる問題の主な原因が「悩み」であることに気づいたという。多くの人が無駄に悩んで大切な人生を棒に振り、悩むあまりに命さえ落としていることを知ったのだ。そこで彼は悩みの解消法やテクニックを集めて『道は開ける』(香山晶訳、創元社)を出版した。当該書籍には次のような記述がある。

「はっきりとした目標を決めることができず、いつまでたって
も考えがまとまらずに堂々めぐりを繰り返す。それが人間の神
経をずたずたにし、生き地獄へと追いやるのだ。明確な決断に
達すれば、即座に苦悩の五割が消え失せ、その決断を実行に移
すと同時に、残りの四割が蒸発する。

　つまり、次の四つの段階を踏めば、悩みの九割を追い払うこ
とができる。

　一、悩んでいる事柄を詳しく書き記す。

　二、それについて自分にできることを書き記す。

　三、どうするかを決断する。

　四、その決断を直ちに実行する。　」

　したがって不安を断ち切りたいのなら、今すぐその問題にど
う対処するかを決め、実行に移してみることだ。重要なのはア
クションを起こすことである。そうすれば問題の解決に集中で
きるから、そのうち不安も消えてくる。

　アマゾンの創業者ジェフ・ベゾスも、何か問題が起きて困っ
た時は、目をそむけないで、ひとまず電話やメールをするとい
う。この時、内容はそれほど重要ではない。電話やメールをす
るという行為自体が、逃げることなく問題解決に向けて何らか
の行動していることになるため、心理的な安定を取り戻せるの
だ。効果のほどを疑っているのなら、今すぐ実行してみればいい。

苦しむかどうかは
自分で決められる

無力感
自責の念

　人生には我慢するしかないことや、自分を救い出して事態を好転させてくれる何かをひたすら待つ以外に方法がないという時もある。そういう状況では、自分がとてもみすぼらしく、つまらない人間に見えてきて、無力感にさいなまれるものだ。どうにも耐えがたい感情である。自分の人生の主導権を自ら握れず、周りに流されるばかりの非力な存在に成り下がる感覚は、私たちを真っ暗な悲しみの洞窟へと引きこもらせてしまうからだ。

　特に、**逃れられない環境や克服不可能な状況に何度も置かれると、やがては十分に克服可能な物事に対しても投げやりになって諦めるようになる。**こうした現象を心理学では**「学習性無力感」**という。

　この件について最も有名なのはマーティン・セリグマンの実験だ。彼は身動きが取れない状態の犬にランダムに電気ショックを与えた。電気ショックを受けた犬は最初こそ逃げようともがいたが、何度も脱出に失敗するうちにある時から希望を失い、

じっと動かなくなった。翌日は低い仕切りのある箱に犬を入れて、箱の片面だけに電気を流した。仕切りを飛び越えれば電気ショックを回避できる状態だ。ところが犬はその場から動かなかった。苦痛であるにもかかわらず電気ショックから逃げなかったのだ。

　こうした現象は人間にも見られる。子どもの頃、長期にわたって親から虐待されていた人は、ある瞬間から逃げる努力さえしなくなり、黙って暴力に耐え続け、自分は無力な存在だと信じこむようになる。こういう経験をした人は、成人後もショックな出来事や緊張状態にさらされると胸の奥に刻まれた無力感がよみがえり、それに押しつぶされて急に身動きが取れなくなる。まるで電気ショックを回避できなくなった犬のように。

　大学卒業後、就職試験連敗中のスンフンさんは診療初日にこう切り出した。

「僕は落ちこぼれです」

　疲れきった悲しげな声で、自分にはもはや何一つ希望がなく、今後どうやって生きていけばいいか途方に暮れていると言うのだ。最近は夜寝つけないだけでなく、わけもなく痩せてきて、就職活動に対しても懐疑的な気持ちが強まっているという。

彼は過去にも何度か似たような経験をしていた。最初は高校
3年生の時だ。大学入試を目前に控えるも、勉強に集中できず
頻繁に体調を崩すうちに成績が落ちて志望校を断念した。もち
ろん、当時はよくある受験うつだろうと思い、あまり気にして
いなかった。

　大学ではサークル活動に注力し、先輩や後輩から認められ、
学校生活が楽しくなって、成績の下落も意に介さなくなった。
ところが3年生になってサークル会長に推薦されると、にわか
に不安になった。紆余曲折の末に会長職は引き受けたものの、
いざ会長になると、サポートを約束してくれた友人たちが、勉
強を理由に1人2人とサークルに顔を出さなくなり、裏切られ
たような気がして怒りがこみ上げた。その後、彼はサークルを
引っ張っていく自信を失い、ついにはサークルの部室のドアを
見ただけで動悸がするようになった。そして最終的には学期の
途中で突然休学届を提出し、そのまま兵役に行ってしまった。

　結果的に見ると、彼は大学入試やサークル会長としての仕事
など、果たすべき役割の前でいつも及び腰になっていた。就職
活動であちこちに履歴書を送り、面接を受けている今も同様だ。

　それにしても、なぜ彼は乗り超えるべき壁に出くわすたびに
自信を失い、自分にはできないと考えて腰が引けてしまうのか。
彼の習慣的な無気力は、一体どこから始まったのだろう？

　聞けば、その始まりは彼が4歳の時だった。彼の脳裏には、事業で不渡りを出した父に返済を求めて家に押しかけ狼藉を働く人々や、泣いている母の姿が今も焼きついている。

　比較的裕福で何不自由なく暮らしてきた父にとって、経済的な没落は耐えがたいものだった。父はそのショックから酒に溺れ世間を罵倒し、自分の失敗のすべてを社会のせいにした。酒を飲めば決まって家にいる妻子に手を上げ憂さを晴らす。すっかり滅入った病弱な母は、幼いスンフンさんに頼りきりで、スンフンさんのほうも長男としての責任を感じ、かわいそうな母を守ろうとした。彼はいつか必ず家を立て直し、母を喜ばせたい一心で、がむしゃらに勉強に取り組んだ。

　ところが父はそんな彼の努力を認めるどころか、小さなミスにさえひどい暴言を吐いて、手を上げるのが常だった。全校1位の成績を取っても、それは変わらなかった。彼の心には今もなお、父が吐き捨てた言葉が残っている。

「その程度の学校で1位になったところで、たかが知れてる」

　そんな環境で育った彼の心を全面的に支配する無気力さは、次のようにして植えつけられていった。

　まず彼は、家族の力ではどうにもならない経済的な没落をとおして世の中の恐ろしさを初めて知った。次に、ため息をついてふさぎこむ母により、ますます無力感をすりこまれた。それ

に加えて、乱暴な父から一方的にたたかれる母を守ってやれない自分のふがいなさと非力さを痛感するに至った。こうした環境の中で彼の無力感を一層強化させたのは、そんな状態でもこの家族関係からは抜け出せないという事実だった。

　幼少期の彼は、常にかすんだ霧の中をさまよっている感覚で、誰かの先導を切に求めていた。しかし彼を導き救ってくれる人物は現れず、結局何もかも自分1人でするしかなかった。彼はずっと迷子のような気分でこれまでの人生を歩んできたという。

　診療開始当初、彼は自分の無気力さと無能さを必死になって証明しようとしているように見えた。例えば、私が「誰もが羨む大学を卒業している」と称えても、合格したのはまぐれであって、卒業できたのは、決まって一夜漬けだった試験で運良く高得点を出せたおかげだと言い張った。その証拠に自分は就職もままならず、失敗ばかりくり返し、家族の期待も裏切ったと言い、自分は情けない人間だと主張するのだった。彼は、一夜漬けでも高得点を出せるのは、もともと実力があるからだという事実に気づこうとしなかった。面接に落ちた要因も、能力不足ではなく自信なさげな態度である可能性が高いと伝えても一生懸命に否認した。

　それから数か月後のことだ。幼少期に父の暴力から母を守れ

ず、怖くて震えるばかりだった自分は、何の役にも立たない人間だと語る彼に私はこう言った。

「あなたのせいではありませんよ。当時のあなたは、まだ小さくて力を持っていなかったんですから」

　すると彼は驚いた様子で黙りこんだ。そうして何分経っただろう。うつむいた彼は鼻をすすり始め、そのうちずっとこらえていた涙をこぼした。これまでの人生で一度も泣いたことがなかったという彼は、その日初めて延々と悲しげな涙を流した。

　大人たちの暴力の前で、子どもに何ができるというのだろう。彼は何も悪くなかった。それでも彼は、母を守れず傍観することしかできなかった自分を許せなかった。無力な自分というものを到底受け入れられなかったのだ。しばらく泣き続けた彼は、私にこう言った。

「先生、僕はずっとその言葉を求めていたのかもしれません。"僕のせいではない"という言葉を」

　無力感にさいなまれた際、最も避けるべき行為は自責だ。問題の原因を自分の中に探していたら、無気力の沼から決して抜け出せない。ならば、どうすればいいのだろう？

　無力感を克服するためには、ひとまずどんなに絶望的な状況でも、自分にはまだ自分の思考をコントロールする権限があり、それに伴って自分の感情をも変えられることに気づくことが必

要だ。自分の心身に関する主導権は、いつだって自分にあると自覚するのである。

　少量の抗うつ剤処方と並行してカウンセリングを進める中で、スンフンさんは徐々に回復していった。それに加え、彼は幼少期に経験した恐怖と怒りを吐き出しながら、だんだんと自分の感情に対する主導権を取り戻していった。自分はもはや無力な存在ではないということに気づいたのだ。自分はもう大人になっていて、今や十分な力を持っているにもかかわらず、子どもの頃の記憶のせいで間違った思いこみをしていただけなのだと。
　また、厳しい状況の中でも道を踏み外したり諦めたりすることなく、懸命に努力してここまでたどり着いた自分を認められるようにもなった。これまでは自分を好み愛してくれる人なんていないと思っていたが、実は本気で自分を心配し、大事にしてくれる友人がたくさんいたということにも、ようやく気づくことができた。

　そんなある日、彼は言った。今はあまり自分のことをダメとか無能とか思わずに、努力した分だけ結果を出せる、いや、もしかしたらそれ以上の能力を発揮できる「なかなかな人間」かもしれないと思えるようになったと。そう話す彼の顔は、いつにも増して輝いて見えた。

　スンフンさんを取り巻く環境は、しばらくの間ちっとも変わらなかった。酒が入るたびに暴力的になる父も依存的な母も相変わらずだし、彼自身もずっと内定が出ない就活生のままだった。しかし、彼は変わった。子どもの頃の無力だった自分に別れを告げた彼は、遅ればせながら自分の人生を見つめるようになった。そして一生懸命履歴書を出し続けて8か月後、就職が決まったと連絡してきた。

　世の中からすべてを奪われ、最悪の事態に陥ったとしても、あなたには1つ決して奪われないものがあることを忘れないでほしい。それは、その状況をどう捉えるかという選択権だ。

　これについて心理学者のヴィクトール・フランクルは、「**刺激と反応の間には空間がある。その空間における選択が私たちの人生の質を決める**」と述べている。いうなれば、どんな刺激があろうとも、私たちには「それに反応するか否か」に始まり、「どんな反応をするか」に至るまで選択する権利があるということだ。

　例えば、誰かから傷つく言葉をかけられたとしよう。それなら当然、傷つくに決まっていると思うかもしれないが、実のところそれに傷つくか否かは、あなたの選択にかかっている。望まぬプレゼントを渡された際にそれを突き返すような要領で、言葉のトゲを受け取らなければいいのである。失敗した時も同

様だ。世の中には、たった1つの失敗でこの世の終わりのごとく絶望する人もいるが、きちんと反省するだけして、すぐさま事態の収拾に取り掛かれる人もいる。要するに、**苦しい状況自体を避けることはできなくても、それを苦しむか否かは自分で選択できるのだ。**

　主導的な人生を送る人たちは、その事実をよく承知している。だから、やむを得ず世間や他人に振り回されてしまう時でも、その時点で自分が持っている選択権を有意義に使おうと最善を尽くす。だから、あなたも**他人に振り回されることなく凛としていたいなら、「しかたない」なんて、そう簡単に言わないことだ。**しかたなく会社へ行き、しかたなく人に会い、しかたなく生きていたのでは毎日がつらくなり、嫌でも憂うつになってしまう。

　けれども、考えてみれば本当の意味で「しかたなくしている」ことなど、めったにないものだ。本気でしたくないのなら、しなければいいだけである。それをあえてしているのは、わざわざその人に会っているのは、辞めずに会社へ行き続けるのは、すべてあなたの選択だ。それに**何であろうと自分が選択したという意識があれば、人生の統制権はあなたのものだ。**あなたがそれを受け入れたことになるのだから。

　このように人生の手綱を自分で握れば、状況自体は変わらずとも、その中で自分にできることは本当にないのか探る気持ちが生まれてくる。そうなれば当然、人生も変わるはずだ。

　身の回りのすべてをコントロールすることは不可能でも、よくよく探せばコントロールできる部分は必ずある。すぐにカッとしないようにするとか、どういう話をして、どういう行動を取るかといったことは、すべてあなたのコントロール下にあることだ。今日1日をどう生きるかだって、あなた自身で決められる。友達に会ってもいいし、勉強をしてもいい。自分に対してステキなディナーを振る舞うというのもいいだろう。同じ時間でも、どう過ごすかによって生活の質は変えられるものだ。**あなたはあなたの人生の中で誰を、そして何を受け入れたいと思うのだろう。**

変えられないものへの
執着を捨てる

　40歳の時だ。いつからか体におかしな変化を感じ始めていた。文字が書きにくくなり、体が以前のように動かなくなっていた。人からは、歩き方が変だから病院に行けと言われたものの、私は少し疲れがたまっているだけで何でもないだろうと考え、そのまま2年ほど放置してしまった。医者ともあろう者が、これぞまさに医者の不養生だ！

　私は無意識のうちに自分自身へ忍び寄る危険信号を否定しようとしていたらしい。その後、紆余曲折の末に診断を受けた私は、自分が不治の病の1つで、体がだんだんこわばっていく病気、パーキンソン病であるという事実を知るに至った。私の人生は一瞬にして壊れた。

　病気で失ったのは身体機能だけではなかった。私はチャンスがあれば外国へ行き、もっと精神分析の勉強をしたいと願っていた。それなのに、その夢もそろそろ実現できそうだというところで突然の病に道を閉ざされてしまったのだ。未来への希望を突如として失った私は、信じがたい現実に絶望した。

「信じがたい現実」の筆頭は、長時間の仕事がつらくて、途中で休憩が必要になったことだ。無理をするとすぐに体に赤信号がともる。四肢が思うように動かないことにいらだち、体の現状をすっかり忘れて気持ちだけが先走った結果、しょっちゅう転んでしまう自分がみっともなくて、やりきれない気持ちになった。

バテやすくなった体のせいで、なにかと人に甘えてしまう自分も幼稚な気がして情けなかったし、わが子たちの何ということもない言動にカッとなる自分が恥ずかしかった。子どもたちにとって健康的で元気な母親でいられないことが申し訳なかったし、そのうち家族のお荷物になってしまいそうな自分の存在が疎ましくも思えた。行き場のない怒りに自分自身がのみこまれそうになったこともある。そうした事実のすべてが私を落胆させた。

初めてパーキンソン病という診断を受けた時は、もっと重くて怖い病気でなくてよかったと思い感謝したはずなのに、それを忘れて絶望し腹を立てるなんて、私はなんと浅ましい人間なんだろう。天秤では測れないほど、ごくわずかな生化学的変化のせいで、ここまで心身を揺さぶられるなんて、私はどれほどちっぽけで無力な存在なんだろう。そう考えたら、ますます悲しくなった。

私はそうやって若さの一部を、能力の一部を、健康の一部を、希望の一部を、さらには今後手にする達成の喜びの一部を失おうとしていた。私は自分が失いつつあるもののすべてを憂い、1人苦しんでいた。

　そんなふうにベッドで横たわったまま、何もできずに1か月ほど過ぎた頃だろうか。いつしか心の中から何かが抜け出して、そこにできた隙間の奥へと自分自身が沈んでしまいそうな恐怖に襲われるようになった。ぽっかりと開いたその空間からは、低い口笛の音が聞こえた。

「何も変わっていないのに、どうして私はふさぎこんでいるんだろう？　ただ少し身動きが取りづらくなって、しんどくなったというだけだ。やりたかったことに少し修正を加える必要が出てきたというだけ……。**そもそも、自分の未来がはっきりと見通せたことなどあっただろうか。人は誰しも自分の未来なんて予測できないものだ。**それなのに、どうして私はまだ始まってもいない未来を想像して、怒ったりおびえたりしているんだろう？」

　そう考えたら、口笛のリズムに合わせて私の中の何かがうねり始めた。

　人生には、なす術もなくひたすら耐えるしかないことがある。誰もが避けては通れない「死」がそうだし、過ぎた日々や、

自分にはどうすることもできない相手の心などがそれに当た
る。それらは、どんなに努力しても変えられないものだ。それ
にもかかわらず、私たちはその事実をなかなか受け入れること
ができない。だからある日突然、愛する人を奪い去った天を恨
み、癌宣告を受け入れられずに声を荒らげ、過ぎ去った日々へ
の後悔を引きずり、自分の気持ちを理解してくれない夫に憤っ
て、思いどおりに育たない子どもを責めるのだ。他にも、つら
いことがあって落ちこんでいると伝えているのに、楽しげに自
分の話ばかりしてくる友人に失望し、無礼な他人にも腹を立て
る。そんなふうに私たちは、努力では変えられないものがある
ことを認めぬまま、それらに延々と執着する。

　病気がわかった時、最もつらかったのは「受け入れること」
だった。迫りくる限界を受け入れて、長年抱いてきた夢を諦め、
日に日に顕著になる体の変化を目の当たりにし、かつて私自身
や周囲の人たちが私に注いでいた期待や称賛に見切りをつける
こと……。私は自分に起きた身体機能の喪失によって、人生の
目標や生き方について少しずつ修正を余儀なくされた。何より
つらかったのは、その事実を認めて諦めの美徳を積むことだっ
た。
　そうやって与えられた現実を受け入れられず苦しんでいる間
も、時間は絶えず流れていた。私が打ちひしがれている時も、

私自身が生み出した不幸が私の大切な時間を食いつぶしていた。やがて健康だった身体機能さえ、その喪失感の中で衰えていった。

　そんなある日、私はふと思った。**私が本当に失っているのは「今」という大切な時間であり、世の中や自分自身に対する信頼や希望であると**。私は少し動きにくくて、しんどくて、未来が不確実になったというだけで、そういう大切なものを失っていたのだ。

　私はそこで、変えられないものへの執着を捨てることにした。そういう**執着心**のせいで自分に残されているものまで失いたくなかったからだ。すると不意にこの病気のことを、これから私が気にかけてやるべき客人だと思えるようになった。

　このように、不可抗力によって発症した病を客だと思って受け入れてみたら、不思議なことに、どうしようもなく膨れ上がっていた怒りと悲しみが鎮まって、不安や悩みも消えていった。そしてある瞬間、地獄のような日々に平穏が訪れた。私はベッドから起き上がり、1日1日を生きていった。**人生の有限さと不確実性を抱きながらそんなふうに日々を過ごしていたら、これまでの自分の生き方や目標は、純粋でポジティブな意図によるものも多かった反面、欲や執着、ねたみや対抗心で塗り固められていたことにも気がついた。**

　それ以降、私は変えられないものにしがみつく代わりに、変えられることに目を向けて暮らすようになった。そうやって、変えられないことがある事実を受け入れ、変えられることだけに注力する人生こそが、誰にも振り回されずに自分が望む方向へ進むためのベストな方法だということを病によって学んだ私は、今日もラインホルド・ニーバーの祈りの言葉を思い出す。

「変えられないものを受け入れる冷静さを、
　変えられるものを変える勇気を、
　そして、その2つを識別する知恵を与えたまえ」

Chapter

2

感情の暴走を
止められない
あなたへ

「ムカつく」という言葉を
多用する人たち

　ミンソさんは、また言ってしまった。

「ああ、マジでムカつく」

　戸惑った彼氏が理由を尋ねると、彼女はさらに声を荒らげた。

「どうしてわかんないの？　ほんと、ムカつく」

　すると、その言葉で彼氏が爆発してしまった。

「だから、"ムカつく"はやめろって言っただろ？　どうしてムカつくのか、何が不満なのか、ちゃんと言えよ。っていうか、俺もムカついてきたから電話切るわ」

　実を言うと彼女は彼に会いたかった。彼から「会おう」と言われるのを、今か今かと待っていたのだ。それなのに、週末は忙しくて会えそうにないと言われ、がっかりした。自分はこんなにも会いたいのに、その気持ちが彼に伝わらないことが、あまりに悲しくてプライドも傷ついた。彼の冷めた態度に、うまく言葉にできない感情がふつふつと沸き上がった。胸の奥を震源として全身に何かが広がって身がよじれそうで、首の後ろから頭のてっぺんに向かって何かがむくむくと這い上がっていくようだった。そして、ついに彼女は彼から言うなと何度も言い

含められていた「ムカつく」という言葉を、無意識のうちに吐き出して直後に後悔した。

　（こんなことを言いたかったわけじゃないのに。短い時間でもいいから会いたかっただけなのに……）

　子どもの頃、彼女が泣いて駄々をこねると、母はなだめるどころか泣くなと一蹴し、声を荒らげた。ある時、スーパーでかわいい人形を見つけた彼女は、母にダメだと言われても泣いてせがんだ。すると母は冷たい表情で泣いても無駄だと言い放ち、そのまま背を向けて行ってしまった。その瞬間、彼女は母に捨てられると思い、恐怖を覚えた。

　成長の過程でこうしたことがくり返されると、彼女は**心に何か感情が湧いても、その感情をうまく認識できなくなってしまった**。何となく不快ではあるものの、それがどういう感情なのか正しく把握できない彼女は、それを表出するためにムカつき、いらだつようになった。

　体と同じで感情も成長するということはご存じだろうか。感情は他者とのコミュニケーションをとおして細分化していくものだ。その際、最も重要なのは親による共感と理解である。しっかりと子どもの目を見つめ、「友達に遊んでもらえなくて怒っているんだね」、「お兄ちゃんだけ自転車を買ってもらったのが羨ましいんだね」と言ってやれば、子どもは怒りや羨ましさと

いった自分の感情を理解できるようになる。怒りや嫉妬、恐怖、悲しみ、喜び、驚き、好奇心など、幾多の感情と出合いながら、それらが心の中で共存していることに気づいていくのだ。

　精神分析家ビオンは、これを「**アルファ機能**」と名づけた。子どもは親との共感をとおして知らず知らずのうちに自分の中に無数の感情があることを学習し、どんな感情を抱いてもその感情を恐れなくなる。だがミンソさんの場合は、あらゆる感情について母の共感と理解を得られなかったため、上手に感情を発達させることができなかった。その結果、彼女は**何が「憂うつ」で、何が「不安」で、何が「悔しさ」なのか、判別する術を知らぬまま大きくなってしまった。**彼女は大人になった今も自分の感情を正しく理解することができず、不快でネガティブな感情がこみ上げると、恐怖でいてもたってもいられなくなる。そんな彼女に使える表現は「ムカつく」だけだった。

　作家のキム・ヨンハ ［『殺人者の記憶法』(吉川凪訳、ク オン)などで有名な韓国の小説家］はある番組で、小説の執筆指導をする際、学生たちに卒業するまで「ムカつく」禁止令を出したことがあると言っていた。「ムカつく」という言葉の裏には、あらゆる感情が隠れているのに、その言葉ばかり使っていたら自分の感情を正しく認知できなくなるというのが、その理由だそうだ。

　ではなぜ自分の感情を正しく認知することが必要なのだろう？　例えば、誕生日に親がワカメスープ [韓国では誕生日にワカメスープを食べる習慣がある] を作り忘れたとしよう。それは「**悲しい**」ことだ。あるいは、自分もいい点数を取ったのに、100点を取った別の子だけが褒められたとしよう。そこで湧くのは「**嫉妬**」である。ところが、それらすべてを「ムカつく」で片づけてしまったら、ネガティブな感情の原因を突き止めることはできなくなる。そして原因がわからなければ、その感情を解消する方法ももちろんなくなる。例えば**悲しみは誰かに受け止めてもらうことで、嫉妬は誰かに認めてもらうことで解消することができるのに、「ムカつく」という言葉はネガティブな感情をざっくりと表現したものでしかないため、問題の解決には役立たないのだ。**

　韓国心理学会のＨＰに掲載されたある研究結果によると、使用頻度の高い韓国語の感情表現は400個余りで、そのうちネガティブな単語の割合は、実に72％にも上るという。それらをすべてひっくるめて「ムカつく」と表現してしまうことは、単にネガティブな感情の放出にすぎない。それでは自分自身を理解することも、誰かとコミュニケーションを取ることも不可能だ。原因がわからなければ、正しい答えも導けないからである。

　近年、世間では感情をさらけ出すことを良しとする風潮があ

る。しかし正しく把握できていないものは、さらけ出すことも
できないはずだ。それをきちんと把握しないうちからさらけ出
そうとしてしまえば、当然問題が起きてくる。最も大きな問題
は、**感情の過剰放出**だ。ミンソさんが彼に「ムカつく」という
言葉ばかりくり返すのが、それに当たる。解決策を引き出すこ
とさえできない、あいまいで不快な感情をストレートに吐き出
せば、相手との関係は悪化するばかりだ。

　私たちが感情を表現するのは、結局のところ、人から愛され、
認められ、褒められ、守られたい欲求を満たすためである。し
たがって、その欲求をきちんと満たしたいのなら、自分の感情
を正しく把握し、その結果を素直に伝えることが必要だ。ミン
ソさんの場合なら、「ムカつく」の代わりに、「週末は会いたかっ
た」、「会えないのは悲しい」と言っていれば、彼氏とけんかし
て電話を切ることにはならなかっただろう。だから、もしあな
たも日頃から「ムカつく」を多用しているのなら、その回数を
減らしてみるといい。そうすれば自分が抱く感情の名前を正し
く把握できるようになるはずだ。そうしたら次は、自分の感情
を相手にきちんと伝える方法を学ぶことである。自分の欲求を
満たしつつ相手の感情を受け入れて、円満な関係を築くために
は、どういう表現方法を身につければいいのだろう？

　1つ目は、**感情を表現する際に「私は」で文章を始めること**だ。「私はあなたが電話してくれなくて悲しかった」、「私はあなたが約束を守らなかったから怒っている」というふうに、「私」を主語にして話せば、自分の感情を相手へ素直に伝えられる。だが人はもめ事が起きると、得てして「あなたのせいで悲しい」、「あなたのせいで怒っている」と言いがちだ。こういう言葉は本来の意図とは関係なく、責任を相手に押しつけて非難する言葉になってしまう。すると相手は自己防衛のために怒りだし、一瞬にして感情的なけんかに発展する。だから**感情を表現する時は、その目的が「自分の感情を相手に正しく伝えること」であることを片時も忘れてはならない。**

　2つ目は、**感情的になっている時はできるだけ口数を減らす**ことだ。感情は共鳴するものである。相手の機嫌が良ければ自分も機嫌が良くなるし、相手がいらだっていれば自分もいらだつものだ。そのため、相手が激怒している時は「あなたがそうやって怒っていると、私も腹が立ってくる。話すのはもう少し落ち着いてからにしよう」と伝えるのも1つの方法である。

　3つ目は、感情に忠実になるのはいいとしても、**感情を過信**しないことだ。もちろん感情は心が送ってきたメッセージだから、もし一貫して抱いている感情があるのなら、それに耳を傾

ける必要はある。とはいえ感情は基本的に快楽原則に従うものだから、現実的に判断するよりも目の前の満足を優先させようとする。それゆえ感情の変化が激しい時は、後先考えずそれに従うと、アイデンティティに混乱が生じて対人関係に問題が起きる可能性がある。

　だから、**今あなたが抱えるその感情が一時的なものか、今後も責任を負えるものなのかは一度呼吸を整えて考えてみよう。**そうしないと誤った感情表現で自分と相手の双方を傷つけることになる。

感情の起伏が激しい人たちが犯しがちな勘違い

「私、躁うつだと思うんですよね」

　最近、顔を合わせた人たちから、こんなことを言われることが増えた。感情の起伏が激しいことを、彼らはそういう言葉で表現しているのだ。こういう人たちは、ついさっきまで上機嫌だったのに、突如として機嫌が悪くなるなど、気まぐれで、ちょっとしたことにもすぐヘコみ、イライラするという。昨日まで楽しかったことが今日は楽しくないし、ほんの少し褒められただけでもウキウキして気分が上がるそうだ。

　だがよくよく話を聞いてみると、日常生活や仕事にこれといった支障はなく、睡眠などにも異常はない。そこで私はこう答える。

「感情があなたに何かを伝えようとしているみたいですね」

　人間は感情の動物だ。表面を覆うのが理性なら、中を満たすのは感情である。問題はその感情が、聞き分けのいい理性と違って人の話を全く聞かないことだ。感情は自分勝手な行動を好む。一般に躁うつ病として知られる**双極性障害**は、脳の生化学的な変化によって感情のコントロールが効かない状態を指す。**気分**

の浮き沈みがあるだけで言動や日常生活、睡眠などに異常がない場合は病気とはいわない。

　ところが自称躁うつ病の人たちの話を聞くと、その状況であれば誰しも同じように感じるであろう正当な感情反応さえ、双極性障害の症状だと考えている場合が多い。そのため私が、そういう状況に置かれれば私だってそう感じますよと答えると、ひどく驚いた様子を見せるのだ。

　彼らはたしかに感情的で比較的感情の起伏が激しいほうではあるけれど、双極性障害という診断が下るほどの状態では決してない。それにもかかわらず躁うつ病と自称して、感情に振り回される自分に苦しむ。感情は常にフラットな状態が正常だと考えているからだ。さらに彼らは感情の影響を拒み、感情を完全にコントロール下に置こうとする。

　近頃の子どもたちは、親の過度な愛情と期待のせいで感情過多な状態に陥っている。事もあろうに、子どもの感情を代わりに処理してしまう親もいるほどだ。例えば、ある親は子どもが腹を立てて興奮すると、その感情を子ども自身が処理するまで待てず、代わりに立ち上がって戦おうとする。すると子どもは腹が立っても、その感情の処理方法を学べない。そんなことがくり返されれば、子どもは自分の感情を正しく理解することができず、戸惑って感情が湧くこと自体を恐れるようになる。ま

た、小さい頃から過度にコントロールされて生きてきた人たち
は、コントロールを受けることに対して極度の抵抗感と怒りを
覚える。

　彼らは自らの感情に左右されることに耐えられない。だから、
どんな感情も押さえこもうとして、自分は双極性障害ではない
かと疑い不安を抱くのだ。

　感情は私たちの人生において音楽のようなものである。私た
ちの内的世界と外的世界が出合うことで生まれる一種の合唱の
ようなものだ。だから恐れることはない。**感情は楽しむべきも
のであり、人間だけに与えられた神からの贈り物だ。**したがっ
て、あなたが感情の起伏の激しさに苦労しているというのなら、
その感情が発する声に静かに耳を傾けてみるといい。激しい感
情は、心に何らかの葛藤があることのサインだから、その原因
さえ把握できれば問題解決のための力が生まれ、感情の起伏に
も苦しまなくなるだろう。

　だから今後は、「感情は常にフラットなのが正常で、そうで
なければ異常だ」という勘違いを取り払い、どんな感情でも全
身で感じてみることだ。**すべての感情は正しいものなのだから。**

誰にでも、どんなことでも、起こり得る

不幸

罪悪感

　2番目の子である娘は、生まれてすぐに心臓病を患った。医師からは、早急に手術する必要があるものの結果は保証できないと言われた。生まれたばかりの娘を見て、思わず涙がこぼれた。過去に一度流産を経験していたことから妊娠中はずっと細心の注意を払っていたのに、どうしてこんなことになったのか全く見当がつかなかった。一体、私が何をしたというのだろう。生まれたばかりのこの子に何の罪があるというのだ。なぜ神は私にこんなにも残酷なのだろう。もっとつらいのは、娘が死んでしまうかもしれないという状況で、自分にできることが何もないということだった。

　42歳でパーキンソン病が発覚した時もそうだった。こんな試練を与えられるなんて、なんという仕打ちだろう。なぜこんなにも耐えがたい不幸に見舞われなければならないのか理解に苦しんだ。

　予期せぬ不幸に出くわした人たちは時として、なぜ自分がこんな目に遭うのかと問う。だが、その質問には2つの大きな盲

点がある。1つは、**自分に降りかかった事件や病気は「罰である」という思いこみ**。そしてもう1つは、無意識のうちに抱いている**「不幸は他人に起こるもので、自分は例外だ」という思いこみ**だ。

　では、なぜそう考えてしまうのだろう？　人は何か事件や問題が発生すると、その原因を追究したがる。それでこそ同じような災難を予防できるからだ。ところが、その原因がどうしてもわからないとなると、その理由を精神的な部分に求めるようになる。そうして胸の奥で息を潜めていた罪悪感を見つけ出し、今直面している災難を、自分が日頃抱いていた負の感情や思考に対する罰として認識するのだ。

　なお、自分には決してそんなことなど起こり得ないという思いこみは、自分こそ神に最も愛され守られている存在であるという、幼児期の確信と同じようなものである。要するに、何があろうと間違いなく自分を守ってくれる親と同じように、神が自分を守ってくれると信じているわけだ。しかし降って湧いた不幸は、そうした確信を打ち崩してしまう。だから人は嘆くのだ。「なぜ私の守護をやめたのですか？　私は何か悪いことでもしたのでしょうか……」

　だが生きていれば誰にでも、どんなことでも、起こり得るものだ。もう少し冷めた言い方をすれば、あなたにも今すぐ大き

な不幸が降りかかる可能性がある。それは、あなたが過ちを犯したからとか、悪い人だからということではない。あなたには愛される価値がないからというわけでもない。いつどこで何が起きるかわからないのが人生だからというだけだ。

　南北戦争を勝利に導き、奴隷解放を成し遂げたアメリカ大統領リンカーン。彼にも多くの試練があったことはご存じだろうか。リンカーンは幼いうちから多くの死を目の当たりにしていた。彼が3歳の時には弟が亡くなり、9歳の時には母が亡くなった。それから程なくして叔母と叔父もこの世を去っている。18歳の時には出産によって姉が命を落とした。不幸はそれで終わらない。結婚して4人の子どもを授かった彼は、そのうち2人を失うという不幸に見舞われた。その苦しみは筆舌に尽くしがたく、彼は希死念慮を抱くほどの深刻なうつ病に生涯悩まされている。しかし、持ち前の闊達さと積極性で絶望から立ち上がった彼は、1860年に51歳でアメリカ第16代大統領に当選した。

　一方、実存主義哲学の先駆者キェルケゴールは、生まれつき病弱だったのに加えて身体的ハンデも抱えていたといわれている。彼は母と、長兄を除く5人の兄弟が全員早逝すると、それらすべてを神の罰と捉え、結婚を断念するに至った。その後は生涯にわたってひどい抑うつ症状にも悩まされたが、それでも

彼は屈していない。自らの鬱屈した経験を基に人間の実存を深く探究し、「実存主義」という新たな思想を生み出したのだ。彼の人生は苦難に満ちていたが、そうした苦難は人間に対する深い理解へと生まれ変わったのだった。

　第二次世界大戦で連合軍を勝利に導いたイギリスの首相でありノーベル文学賞受賞作家でもあるウィンストン・チャーチル。実は彼の人生も不幸の連続だった。早産で生まれ病弱だった彼は、子どもの頃に吃音で苦労し、成績も最下位で落ちこぼれ扱いされていた。

　不幸はそれだけではない。彼の娘のマリーゴールドは2歳の時に敗血症でこの世を去り、息子のランドルフと娘のサラは亡くなるまでアルコール依存症を患っていた。加えて、もう1人の娘ダイアナは、うつ病に苦しみ自ら命を絶っている。彼はまた、人々の記憶に残る輝かしい業績とは違って、選挙では数多くの敗北を経験した政治家だった。このように不幸に満ちた日々を送りながらも、彼はそう簡単に人生を諦めなかった。
「空間と時間から成るこの世界の中にあるに違いない運命の神秘的なリズムに身を任せようではないか。喜びは大切に蔵いこみ悲しみはさらりと忘れ去るではないか。輝かしい光には必ず影が伴うものだ。人生は有機的統一体である。良きこともあれば悪しきこともある」(『わが思想・わが冒険』ウィンストン・チャーチ

ル著、中野忠夫訳、新潮社）

　このように世界的な偉人とされるチャーチルやキェルケゴール、リンカーンでさえも不幸を回避することはできなかった。いや、それどころか彼らは生涯をとおして不幸の影に付きまとわれていた。だがそれは彼らに非があったり、罪があったりしたからではない。**生きていれば良いことも悪いことも起こるのが人生なのだ。**

　それを踏まえて私たちがするべきことは、誰にでも、どんなことでも、起こり得るという事実を受け入れることである。だからもう悪いことが起きたからといって自らを責め、打ちひしがれるのはやめよう。そして、なぜ自分だけがこんな目に遭うのかと問うのもやめよう。

　波風が一切たたない青々とした草原のような人生はない。草原の果ては険しい山かもしれないし、絶壁になっている可能性もある。運良く大きな不幸は免れたとしても、前途を阻む小さな障害物はどこにでもあるものだ。それにそうした障害物をいくつか経験していけば自然と筋肉は鍛えられ、運動能力も上がって、いずれは大きな障害物も楽々越える力がついてくる。

　また経験上、**一見マイナスに思える出来事も、単にネガティブな面ばかりではなかった。大小さまざまな障害物をどうにか**

**乗り越えようと努める中で、私は一層たくましく穏やかになっ
た。**おかげでもう世間を恨むことはないし、自分を責めること
もない。パーキンソン病と共に今日一日を、そして今この瞬間
をただ誠実に生きていくだけだ。

「完璧主義」の重い鎧を
脱ぎ捨てよう

完璧主義

　韓国就活サイト「ジョブコリア」が会社員の男女1176人を対象に、ある出版社と共同で行ったアンケート調査の結果によると、「職場では完璧さを追求する」と答えた人の割合は67.2％、「完璧主義で成果は上がると思うか？」という質問に「はい」と答えた人の割合も61.3％で、過半数を超えることが明らかになった。これは会社員10人のうち7人近くが完璧さを追求し、完璧主義は仕事においてプラスに働くと考えていることを物語っている。

　人は誰しも優れた人間になりたいと願うものだ。しかし韓国のような厳しい競争社会では、小さなミスも命取りになるという理由からミスできず、人より優れていなければ生き残れないという発想に至るわけで、現代人にとって**完璧主義**は、誰もが目指すゴールであるとともにストレスだ。

　さらに、小さい頃から絶えず兄弟姉妹や友人たちと比べられ、「どうしてあの子みたいにできないの？」、「お姉ちゃんを見習いなさい」、「親に恥をかかせるな」といったネガティブな言葉

を多く浴びせられて育った人たちは、実績に対する客観的評価とは関係なく、「自分は至らない」という自己認識に苦しめられる。世の中には自分より優れた人が山ほどいて、彼らの存在がしきりと自らの至らなさを思い知らせてくるからだ。

　そのため自分には至らない部分が多すぎると考えている人たちは、自分の有能さを証明し、認められようとして自分を追いこむ。ところが、**当の本人たちに自分を過度に追いこんでいる自覚はない。**それどころか自分は他の人たちと比べて、大それた野望を抱いているわけでもなければ、壮大な夢を描いているわけでもないと言い張るのだ。

　たしかに、完璧さの追求は前へ進むための強い原動力になる。人類が現在のような輝かしい発展を遂げられたのは、幾多の成功者たちが完璧を追求してきたおかげだ。だから、完璧を追求すること自体に問題はない。

　とはいえ、それも行き過ぎれば自分をすり減らすだけだ。ユタ州立大学の心理学部教授マイケル・トゥーヒグと心理学者クラリッサ・オンは、『不安な完璧主義者のための本』(未邦訳)で完璧主義を**適応的完璧主義**と**不適応的完璧主義**に分けた。適応的完璧主義者は、達成感と高い生産性を追求することで報酬と満足感を得ている人たちだ。彼らはあまり失敗を恐れない。**あらゆることにチャレンジしていれば、ミスや失敗はあって当然**

と考えているからだ。ただし、彼らは失敗から得た教訓をきちんと糧にして前へ進む。また、非常に現実的な基準を持っているため、目の前の成果をしっかりと喜ぶことができる。

　一方、不適応的完璧主義者は目標達成のために四六時中気を張って自らを追い立てるとともに、絶えず自分の力を証明し他者から認められようと頑張ってしまうため、不安や心配、憂うつに加えてストレスに押しつぶされる。彼らは常に**「到達するべき完璧な状態」に届かない自分にストレスを感じている**のだ。また、簡単なメールでさえ何回も確認しないと安心して送れないため、いつでも時間に追われている。

　さらには現状に満足していないため、決して自分に休むことを許さない。そのため人づき合いが少なく、余暇を楽しむこともできない。**与えられた課題を完璧にこなすことばかり考えて平凡な日常を逃してしまう**のだ。

　彼らはもっと完璧にできれば、もっと成果を挙げさえすれば、すべてが報われると信じ自らにムチを打つ。ところがどんなに努力をしても、そんな瞬間は決して訪れない。彼らが「到達するべき完璧な状態」と規定しているもの自体が、そもそも達成不可能な目標だからだ。

　ヨンジェさんは一度として自分に満足したことがなかった。いつだって何かが足りないような気がしていた。だから、ほん

の小さなミスをしただけで、なんて使えない人間なんだと自ら
を責めた。彼は先日、ずっと注力してきたプロジェクトで大き
な成果を収めた。特別休暇と報奨金まで手に入れ、同僚たちか
らも祝われた。だがその喜びも一瞬で、翌日せっかくもらった
休暇を利用し少し遅い時間に目覚めた彼は、どんよりとふさぎ
こんでしまった。昨日の成功がしがなく思え、その程度のこと
で得意になって遅くまで寝ていた自分が情けなくなったのだ。

　こうして事あるごとに自分を追い詰める不適応的完璧主義者
は、何事も１人でうまくこなせそうに見えるが、実はそんなこ
ともない。彼らは失敗を恐れて、小さなこともなかなか行動に
移せない。もっと正確に言うならば、「失敗そのもの」よりも「失
敗した自分に対する周囲の目」におびえて、延々と仕事を先送
りしてしまうのだ。そのため立派な計画を立てたはいいが実行
できないとか、決められた期限が過ぎても仕事を手放せないと
いうことが多々発生するのである。

　ところが、彼らはそれでも完璧主義をやめられない。それだ
けが人から認められ愛されるための唯一の道だと考えているか
らだ。これについてアメリカの社会学者ブレネー・ブラウンは、
**「完璧主義は、私たちが引きずって歩く20トンの鎧だ。私たち
は完璧主義が自分の身を守ってくれると信じているが、実のと
ころそれは私たちの自由を奪うものである」**と言っている。

だが私は、完璧を追求することに問題があるとは思わない。鎧を脱ぎ捨てる勇気さえ持てば、不適応的完璧主義者も十分に人生の喜びを味わい、人から認められ愛されると思うからだ。

　もちろん鎧を脱ぎ捨てるのは簡単なことではない。なぜなら彼らは認められ愛されるために走り続けてきただけなのに、周りに人が集まるどころか1人2人と離れていく理由がわからなくて鎧を脱ぎ捨てたら「出来損ない」の烙印を押されそうだとおびえているからだ。

　だとしても、これからはありのままに現実を認めるべきだ。自らを追いこみ責め立てていたら、四六時中何かにせかされるようにして働くことになる。それではすっかり疲れ果て、ミスする確率が上がり、あれほど望んだ完璧さからも遠ざかってしまう。それに、いつ見ても気が立っているような人間を歓迎する人は誰もいない。

　だからもう重い鎧は脱ぎ捨てよう。鎧を脱いで体が軽くなれば、あなたは自由にどこへでも行けて、もっと幸せになれる。

　これについてハーバード大学心理学部教授タル・ベン・シャハー著『最善主義が道を拓く—ポジティブ心理学が明かす折れない生き方』(田村源二訳、幸福の科学出版) の韓国語版書籍紹介文には次のようなことが記されている。
「私たちは成功者たちの情熱やたゆまぬ努力に感銘を受け、少

しばかり気を抜いたりベストを尽くさなかったりしたという理由で自らにムチを打つ。しかしここで問題なのは、**『完璧な人生』など存在せず、完璧主義者たちから見れば満足のいく成果など決してない**ということだ。社会的に認められるほどの大きな業績や莫大な富を築いても、さらなる目標に向けて際限なく走り続ける完璧主義者にとって、幸せな人生とは絶対にたどり着けない蜃気楼（しんきろう）のようなものである。だから**『完璧主義者』ではなく『最善主義者』を目指していこう。**なお、ここでいう『最善』とはベストを尽くさないという意味ではない。可能な範囲で最善を尽くす『ポジティブな完璧主義』ということだ。『完璧な成功』や『完璧な人生』など存在しないことを受け入れて、人生が一直線の高速道路ではなく、折れ曲がった道であることを理解できるようになれば、私たちは目標指向的な生活を送りながら、今よりはるかに幸せな生活を送れるようになる」

弱みを克服するより
強みを育てること

短所

焦り

　キム代理はアイデアマンだ。どこからそんな発想が湧いてくるのかと驚くほどである。イ課長は弁が立ち、社交性も高くて難しい契約をポンポン取ってくる。シン代理の英語力はネイティブレベルだ。バイヤーたちとの電話を聞いて羨ましく思ったことは一度や二度ではない。オ課長は頭が切れる。他の人たちが何日かけても解けなかった問題を、小一時間で解いてしまうのだ。最近入ってきた新人は仕事を覚えるのが早いうえ、性格までいいのでみんなの注目を一身に集めている——

　世の中にはこんなふうに優秀な人がたくさんいるのに、どうして私はこのザマなんだろう？　特技なんて1つもないし、どれを取っても中途半端。自分なりに頑張ってはいるけれど、優秀な同僚や上司の前では、どうしたって萎縮してしまう。このままでは自分だけ取り残されそうで焦りが募るばかりだ。だけど、さすがに新入社員に先を越されるなんてことはないよね？……はぁ、こんなセコイことを考えるなんて、私って本当に最低だな。

　どんな人も長所と短所、その両方を持っているものだ。ところが、自分には何一つ特技がないと思っている人たちは、自分の弱みが周囲にバレやしないかとビクビクしてしまう。彼らは弱みを恥ずかしいものと捉え、決して外に出すまいと努めているのだ。それには2つの理由がある。1つは、弱みが露呈したら、人から嫌われ見捨てられるのではないかという恐怖心があるから。もう1つは弱みをダシにして誰かから支配やコントロールを受けるかもしれないと恐れているからである。

　彼らは弱みが露呈するのを防ぐべく、隠すことに全エネルギーを注ぐ。だが、ずっとそればかり気にしていたら、弱みは実際よりも大きく感じられるようになるし、そのせいでますます不安になるものだ。表面上は凛とした態度を取っていても、寝る前にはその日の出来事を振り返り、弱い部分が表に出ていなかっただろうかと心配になる。

　弱みに対する不安や劣等感は、アリ地獄にも似ている。アリ地獄は砂の中に穴を掘り、そこにアリが落ちてくるのを待つ。穴に落ちたアリは抜け出そうともがくが、そうすればますます穴が広がって、最終的には周りにあるものまで引きずりこむようになる。弱みも同じだ。あなたが消そうともがけばもがくほど、弱みは消えるどころか強みまで道連れに沈めてしまう。それに弱みはどんなに克服しようと努めても、人並み以上のレベ

ルまで引き上げるのは難しいものだ。

　ゆえに**弱みの克服に努めるよりも、強みを見つけて育てたほうが100倍いい**。どうせ、すべての分野を得意とする人などいないのだから。一方で、強みはもともと得意なことだから、集中して取り組めば「人並み」のレベルを超え、並外れた能力を身につけられる可能性が高い。それこそ、あなたが望むものを手に入れられるわけだ。それに強みに目を向けていれば対外的に自信がついて、弱みもそこまで気にならなくなるはずだ。弱みがなくなるわけではないが、そのせいで苦しみや不安にさいなまれることはなくなる。

　弱みを克服するもう１つの方法は、弱みを「大したことはないもの」として認識することだ。**「たしかに私にはそういう弱みがあるけど、それが何か問題でも？」**というような凛とした姿勢——これは世界的な知の巨人バートランド・ラッセルが弱みを克服するために使った方法である。信じられないだろうけれど、彼は講演会などを前にすると、すこぶる緊張してしまうタイプだった。無数の講演会や著書をとおして大衆を相手にしてきた彼でさえ、講演会ではいつも不安に駆られていたのだ。ある時は、いっそ足でも折れて講演が中止になればいいとまで考えたほどだ。また、講演が終わると緊張のあまり、心身共にくたくたになったという。

　そんなある日、ラッセルは自分が多少ミスをしたところで宇宙に変化はなく、それによって自分自身が大きな損害を被ることもないのだから、取り越し苦労は不要だということに気がついた。それ以降、彼は自らをなだめ、弱みを気にしなくなったことで失敗も減り、あまり緊張もしなくなった。自分の弱みを「大したことはないもの」と受け流すことで、結果的に弱みを克服したわけだ。

「大したことはない」と思えば、弱みも成長の原動力になる。
この世に弱みがない人はいない。人は足りない部分があるからこそ、それを補完するべく努力する過程で成長や発展を遂げるのだ。実を言うと私もラッセルと同様の弱みを持っていて、講演をする時には極度の不安に襲われていた。しかし私は、何をしようと完全に不安を払拭することは不可能だと知っていた。私にできるのは、ただ準備を徹底し、できるかぎり不安を減らすことだけだ。だからできるだけ多くの資料に当たり、勉強したうえで講演に臨んだ。その経験が今の私を作ったともいえるだろう。

　一般に、強い人はどんなことも恐れず、どんな困難にも屈せずに、自分の望みをかなえるべく前進できると思われがちだ。彼らはすべての弱みを克服したのだから、もはや他人の目など

気にすることなく、自分の考えを貫けるだろうと思われている。

　しかし**「強い人」というのは、決して「弱みがない人」ではない。**ただ自分の弱みにおびえることなく、他人の前で自分の弱みが露呈しても不安にならないというだけだ。強い人は、弱みによって自分が引きずり降ろされたり、地に落ちたりすることはないと確信している。そのため、弱みを「なくす」のではなく「補完」しようとするのだ。

　だから、あなたもこれからは弱みが露呈することを恐れないでほしい。自分のミスや至らなさにも、もっと寛容になることだ。周りからがっかりされているような気がした時は、ラッセルのように心の中で叫んでみるといい。

「それが何か問題でも？」

　他者の中にあるあなたの記憶はすぐに消えてしまうだろうし、実質的に足りない部分は努力で補えばいい。もしうまく補えなければ、その弱みについて悩むのではなく、強みを集中的に育てることで自信をつけていけばいいのだ。それこそが弱みを克服するための最善の方法である。

いつもニコニコ笑顔が 絶えない人に気後れ しなくていい理由

恐れ
憂うつ

　いつ見ても明るく元気な人たちがいる。底なしのエネルギーを持つ彼らは基本的にパワフルで、他人のために一肌脱いでは自分のことのように尽力し、それでいて笑顔を絶やさない。どんな時でもタフでポジティブな空気を醸し出し、人々の模範となっている彼らには、周囲からも賛辞や驚嘆の声が尽きない。何よりも彼らがふさぎこむ姿は一度も見たことがない。そのせいか、気分がふさいでいる時は、彼らの明るさがまぶしくて、自分がますます情けなく思えてくる。

　彼らにも憂うつな時はあるのだろうか？　あるとしたら、どうやって乗り越えているのだろう？　そこまで考えたところで、私たちは首を横にふる。
「あの人たちには、そもそもへコむ理由がないもん。そんなところ、想像できないよ」

　ソユンさんは突発的なうつ症状を訴え、病院を訪ねてきた。大した内容ではないのだが、2週間前に友達から少し嫌なことを言われて以来、夜も眠れず無気力になって、何も手につかな

くなっている。何もかもが無意味に思えて心がどこまでも沈み
こみ、事あるごとに涙がこぼれた。いまだかつて、こんな気分
になったことがない彼女は激しく動揺した。

　彼女はこれまで本当に一生懸命生きてきた。どんな状況下で
も笑顔を忘れず、愚痴１つこぼさずに、人が嫌がる仕事も黙っ
て引き受けた。だから周囲の人たちは、彼女を何の苦労もなく
穏やかに育った「お嬢さん」だと思っていた。

　ところが彼女の口から聞いた彼女の半生は、かなり意外なも
のだった。彼女は11歳で母を亡くした。身勝手な父は子どもた
ちを顧みず、家にさえ寄りつかなかった。そのため幼い妹と弟
の世話は彼女に託された。子どもでありながら母親役まで課せ
られた彼女は、学ぶことを諦めて弟たちの世話と家事を一手に
担っていた。その間に父は新しい母を２人も連れてきた。

　そんな環境でも、彼女は常に笑顔をたたえて周囲と良好な人
間関係を築いていた。彼女は誰からも好かれたし、彼女自身も
自分のことのように周囲の世話をすることに幸せを感じていた。
ところが、親友と呼べる友達が何人いるかという質問に、彼女
は即答できなかった。周囲と良好な関係を築けていても、本音
を打ち明けられる友達は１人もいなかったのだ。

　友達から見たソユンさんも、いい人ではあるが気の置けない
相手ではなかった。なぜなら彼女は、人の話を親身になって聞
く反面、自分の本音は話さなかったから。そのため友達からす

ると、悩みや弱みを一切見せない彼女との間に距離を感じることがあった。それにより悲しい気持ちになることもあった。

　とはいえ、彼女も意図をもって自分の話をしないというわけではなかった。自身の暗い幼少期を知ったら、なんとなくみんなが離れてしまいそうな気がしたのだ。彼女はそういう理由から友達を失うことを恐れ、自分の話をしなかった。だが真の友達ならば、そんなにも過酷で絶望的な環境で育ちながら、周囲に明るく快活な姿を見せる彼女を称えるのではないだろうか。

　どんなに厳しい環境下でも、ふさぎこんでしおれているよりは、明るく元気でいたほうが印象がいいのはたしかである。この世の不幸を一身に背負いこんでいるがごとく、しかめっ面で愚痴ばかりこぼしている人がいるとしよう。その人の隣にいたら、なんだか自分まで気が滅入りそうで避けたくなるのが人の常だ。反対に、明るく元気な人を見ると自分まで気分が良くなってくるものである。そのためいつも笑顔が絶えない人たちは、どこへ行っても人気者になる。

　けれども最近の人たちは、度を越して**明るく快活でいなければという強迫観念**を持っているように思う。１人の人と長くつき合うよりも、目的に応じたライトな交流と別れをくり返す機会が増えている昨今。他者から好感を持たれることの重要性が増してきたせいか、みんな人前では基本的に笑顔で元気いっぱ

いに振る舞い、つらくても平気なふりをしなければいけないと思いこんでいるようだ。下手にぐったりとして弱った姿を見せれば、ネガティブな印象を持たれそうで怖いのである。

　だが、人は「年中無休で元気はつらつ」とはいかないものだ。だから、たとえあなたの周りにそう見える人がいたとしても、必要以上に羨んだり、気後れしたりする必要はない。ソユンさんのように、元気でいきいきとしている人の中には、心の奥底に深い憂うつを抱えている人もいる。そういう人たちの元気さには、神経症的な要素が潜んでいるものだ。それが深刻化し、病気として表れたのが**「軽躁病」**あるいは**「躁病」**である。

　躁病は異常なまでに気持ちが浮き立ち、興奮してじっとしていられなくなる病気だ。こうなると状況や能力とは関係なく、精神的なエネルギーが常に高まった状態になる。睡眠を取らなくても疲れず、食事をしなくても空腹やひもじさを感じず、どんなことでもやり遂げられそうな常軌を逸した自信によって、自分の成果を過大評価するようになる。しかも彼らは驚くほどエネルギッシュなので、時を選ばず止めどなく話し続け、問題を起こしてしまうのだ。ひどい時は、頭の回転が速いというレベルを超えて、もはや何を言いたいのか相手に全く伝わらなくなる。

　ソユンさんの場合、母親とうまく「お別れ」ができていなかった。母の死はあまりにも耐えがたい現実だった。それを理由にふさぎこむことは、母の死を認め本当の意味で母を失うことを意味していた。そのため決してふさぎこむことができなかった。彼女は、その悲しみを誰かに気づいてほしいと切に願う一方で、誰にもそれを見せることができなかった。
「悲しくて泣きたくなる時もあります。だけど、泣こうとすると無意識のうちに頭の中が楽しいことでいっぱいになってしまって。意識してやってるわけじゃないのに、沈んだ気持ちがどこかへ消えてしまうんです。そうしたら、また気分が良くなってきて。そんな感じで、思い切り泣いたことはありません。私が泣いたら一家が総崩れになりそうで不安なんです」

　しかし、こうした息つく暇もない不断の活動は、いずれ人を疲弊させる。疲れ果てた心身は限界を迎えて、挫折すると同時に深いうつの沼へと真っ逆さまに転落するのだ。
「元気はつらつ」に固執するソユンさんのような人たちは、普通の人より挫折に弱い。それは日頃、周りからタフで完璧な人に見られようと背伸びしているからだ。失敗に対して極度の恐怖心を抱くのもそのためである。失敗したら周りからダメ人間だと思われ、がっかりされて見放され、一人ぼっちになるという無意識的な恐怖があるのである。それゆえどんな時も気を

張って、人に隙を見せないようにする。

　要するに、**常日頃元気いっぱいに見える人たちも、実は思い切り泣くこともできずに、弱く傷ついた自分を否定して、それを隠そうと必死になっているだけかもしれない**ということだ。

　もちろん、はつらつとした人たちが皆、問題を抱えているわけではない。これといった問題もなく、ただ純粋にクリエイティブで、元気なだけの人もたくさんいる。けれども、時々むなしくなって気力が尽き、悲しい気持ちになるのなら、その感情を恐れずに、そっと心の声を聞いてやることだ。自分は何者で、今どんな状態にあり、何を必要としているのかを、きちんと承知するべきである。**表向きは笑っていても、心が泣いているのなら、周りに「元気はつらつ」な姿だけを見せようとして無理をしないでほしい。**今は他の誰でもなく、あなた自身を労わるべき時だ。

114

仕事への批判を、自分自身への非難と捉えるべからず

自己卑下

　フランスの作家ラ・ロシュフコーは、「自分を欺く称賛よりも自分に役立つ叱責を受けたいと願うほどに賢明な人はほとんどいない」（『箴言集』武藤剛史訳、講談社）と言った。いくら合理的で論理的なふりをしていても、人間はそれだけ称賛が好きなのであり、批判や非難には弱いのだ。そのためどんなに的を射た指摘でも、批判されれば反射的に拒絶してしまう。批判を受け入れるためには自らの過ちを認めることが必要なわけだが、その勇気を出すどころか、プライドが傷つき居たたまれなくなって、どこかに身を隠したくなるのが人間の本能である。

　しかし、そんな中でもとりわけ批判に脆弱な人というのがいる。彼らは仕事への批判を、自分への非難と捉えて憤り気落ちする。その上、任された仕事で失敗し業務に支障が出ていても、早急な事態の収拾に努めるどころか、「批判を受けた」という事実自体に打ちひしがれる。**自分が行った「行為」と「自分自身」を切り離して考えられない**のだ。

彼らは人から受けた批判を、すべて自分への攻撃や拒絶と捉えてしまうため、人の批判に屈辱を覚え、委縮し**自己卑下**に陥る。

　特に、自己肯定感が低く自分の働きに懐疑的な人ほど、「批判＝傷つけるもの」という認識を持ちやすい。もっと優しい言い方もあっただろうに、批判的な言い方をしたのは自分を嫌っているからだと決めつけてしまうのだ。

　だが会社というのはお互いに仕事をするために集まっている場所であり、親睦を深めるための場所ではない。特に仕事の成否に関わる場面では、意見の対立も起こるものだ。その際、自分の意見のほうが正しいと思ったら、相手の意見は否定せざるを得ない。要するに、**仕事に対する批判は相手への感情とは無関係なのである。**

　したがって、しばらく気分が悪いのはしかたがないとしても、批判をいつまでも引きずってはいけない。**あなたがするべきことは迅速に批判を受け入れて、同じ失敗をくり返さないように努め、成長した姿を見せることだ。**

　仕事ができる人たちは、仕事への批判を恐れない。なぜなら彼らにとって重要なのは、仕事をうまくこなすことだからだ。そのため、彼らはむしろ自分のプランに見落としや盲点がないかどうか、積極的に批判を求めて周囲の人に尋ねて回ることさえある。

　そういうわけだから愛のある批判は、たとえ気分が悪くても快く受け入れるべきだ。それでこそ成長できるものである。耳心地のいい言葉ばかり聞いていたのでは、最後まで問題点に気づけない。そうなれば当然、成長の機会も失われてしまう。

　ゆえに、**会社で誰からも仕事の批判をされないとしたら喜んではいけない**。それは、もしかしたらあなたに興味がないか、あなたに見切りをつけた証しかもしれないからだ。

　そうはいっても、すべての批判を受け入れろというわけではない。あなたに対する批判の中には薬になるものだけでなく、あなたを愚弄し引きずり下ろすためのものもあるからだ。いかなる理由にせよ、そうした批判の目的はあなたを傷つけることにある。とはいえ、どんなに鋭い批判の矢も、あなたが受け入れなければそれまでだ。そういう時は、わかりましたと言って適当に受け流すのも1つの方法である。

　もしあなたが理性を失って興奮するようなことがあれば、その批判を妥当なものと認めることになってしまう。相手の狙いは、そうやってあなたを引きずり下ろすことだから、どんなに不当な批判にも決して興奮してはいけない。思わず興奮しそうな時は、デール・カーネギーの言葉を振り返ってみてはどうだろうか。

「不当な非難は、しばしば擬装された賛辞であることを忘れてはならない。死んだ犬を蹴飛ばす者はいないことを思い出そう」

一度くらい、
自分に素直になること

冷笑
無力感

　腹ぺこなキツネが道端で偶然おいしそうに実ったブドウの木を見つけた。キツネは大喜びでブドウを取ろうとジャンプした。ところが、どんなに高く跳んでも鼻先が軽くかすめるだけで、その実を取って食べることができない。だが、ひどくおなかがすいていたキツネは、体中にアザを作りながら1時間以上ジャンプした。しかし、何度やっても結果は同じだった。ついに腹を立てたキツネは、「ふん！　あんなすっぱいブドウ、誰が食べるもんか」と言って諦めた。しばらくして犬が通りかかり、同じくブドウを取ろうと跳び始めた。キツネは犬をバカにした。

「あんなすっぱくて、まずいブドウのために必死になるなんて。まったく、人間に尻尾を振るようなやつらはバカだな。そんなことをしたって、ブドウは食べられないのに」

　キツネが望んだとおり、犬は結局ブドウを取ることができなかった。しばらくすると、今度はカラスが現れてブドウをついばみ始めた。キツネはカラスをふびんに思った。

「空を飛んで、あんなものを食べているから、ああやって真っ

黒になっちまうんだ。僕はそんなの御免だね」

　そう言うキツネも、おなかが鳴るのは止められなかった。

　イソップ童話の「キツネとブドウ」を少しアレンジしたお話だ。ここで興味深いのは、キツネの態度の変化である。キツネは、当初ブドウを切に求めていた。だがそれが取れないと、自分のジャンプ力を責めるのではなく、「あんなすっぱいブドウ、誰が食べるもんか」と言ってブドウの評価をおとしめた。「できない」のではなく、「しない」のだと表明するために、もっともらしい言い訳を作ったのだ。

　その後、キツネはニヒルな態度で、ブドウを取ろうとする他の動物たちを冷笑する。最初は自分の至らなさを投影して犬のことをバカにした。無駄にジャンプをくり返す愚を犬だけが犯したことにしてしまったのだ。反面、ブドウを食べられたカラスには、ねたみの感情が湧き上がった。すると、ブドウともどもカラスをおとしめるに至った。自分はそういう下等な存在ではないから、あえてブドウを食べないのだと言わんばかりに。

　このキツネの物語は、冷笑主義者がどのようにして誕生し、彼らがどんなふうに世の中を見ているのかを如実に表している。「冷笑」とは、文字どおり冷たい笑みだ。冷え冷えとした態度であざ笑うことである。そうした態度の中には、人間の善良さや真心などは決して信じてやるものかという彼らの意思が隠れ

ている。

　イギリスの作家オスカー・ワイルドは、冷笑主義者を「**あらゆるものの価格 (price) を知りながら、いかなるものの価値 (value) も知らない人間**」と評している。世の中を冷笑的に見つめる人たちは、手に入らなかったブドウの価値をおとしめたキツネのように、手に入れられなかったもののすべてを「価値のないもの」と評価する。「手に入らないなら壊してしまえ」という発想だ。

　冷笑が危険なのは、その中に**虚無主義**や**無力感、怒りや破壊欲**が含まれているからだ。どんなに努力しても無駄だという無力感は、望むものの価値を破壊することで欲求を抑えようとする。冷笑主義者はそのために現実から一歩引いた傍観者として、あらゆるものをあざ笑う。情熱や苦悩、苦痛はすべてあざけりの対象でしかない。またそれらに価値がないことを知っているのは自分だけだから、自分は人より賢くて世の中をよく知っているという気になり優越感に浸る。世間を自分の足元に置き、見下ろして支配しようとするわけだ。

　だが、**そうしたあざけりの影には、見捨てられ傷つくことを恐れる泣き顔が隠れている。**加えてかなわなかった欲望も、ゆがんだ形で隠れているものだ。**冷笑主義者は、どんなことにも**

喜びや幸せを感じられない。なぜなら、事前にあらゆるものを無価値なものと規定してしまっているからだ。彼らは何に対しても満足できないし本気になれない。必ずしなければならないことは、渋々いい加減に対応し、この世は本気になる価値がない場所だとうそぶいて自らの行動を正当化する。さらには世間と他者の弱点を正確に突くことで、周りの人たちまで懐疑的な気持ちにさせる。

　ウジンさんが、まさにそのタイプだった。彼は今日もへとへとになって帰宅した。シャワーを浴びるのも面倒で、そのままベッドに倒れこんだ。リビングからはテレビを見て笑う家族の声が聞こえてくる。まったく、くだらない。毎日同じような番組ばかり見て、一体何が楽しいんだか……。日中、電話で友人から遊びに誘われたが、忙しいことを理由に断った。どうせまた酒を飲み、のろけ話を始めるに決まっている。よくもまあ毎度飽きずに、恋愛にうつつを抜かせるものだ。女なんてみんな同じだろうに、いつまでも愛だの恋だのと。青臭くて聞いていられない。

　この世には、大してうれしいことも悲しいこともないというのが彼の考えだ。だから小さなことに執着し、深刻に悩み、傷ついている友人の姿が滑稽にしか見えない。それならお前は何を楽しみに生きているのかと問われれば、逆にお前たちは生き

ることが楽しいのかと反問する。楽しくもないのに楽しいふり
をするほうが、うそくさくて偽善的だと言いながら。加えて、
ではなぜ生きているのかと聞かれれば、生まれたからとりあえ
ず生きているだけだと答え、すべてを悟ったようなことを言う。

　それでも、彼には特別な欠点があるわけではなかった。職場
では認められているし、友人関係も良好だ。それでも心の中は
常にどこか寂しく、むなしかった。世の中に対してほとんど興
味や関心を示せない彼にとって、日常はどこまでも退屈で、つ
まらないものでしかなかった。

　とはいえ、彼も最初から世間をそんなふうに見ていたわけで
はない。彼は平凡な家庭で何不自由なく育ち、勉強も得意で、
常に自慢の息子だった。彼の夢は弁護士になることで、大人に
なったら大金を稼ぎ、高級外車を乗り回して映画のようなカッ
コいい人生を歩みたいと思っていた。

　ところが高校に入ると、思ったほど成績が伸びなくて、最終
的には法学部を断念することになった。それでも一応、人が羨
むような大学に入り無事に卒業したのだが、問題は社会人に
なってから噴出した。会社では人からあまり注目されず、自由
気ままに使えるほどのお金も稼げなかった。人とは違うカッコ
いい人生を夢みていたのに、目の前にある現実はみすぼらしく
思えた。このままでは両親と同じように、結婚して子育てに追
われる人生になる。そう考えたら、息苦しくてしかたなかった。

冷笑主義者よ、あなたたちは冷笑を捨てたくないかもしれない。あなたの目には、この世のすべてが努力するに値しないものに見えているかもしれない。あらゆるものを踏み台にして上に立つ優越感を捨てるのは嫌かもしれない。だが、一度静かに自分の心の中をのぞいてみるといい。あなたは、かつて何かを切に望んでいた。しかし、さまざまな理由で望みをかなえることができなかった。そのせいでひどく腹が立ち、ほんのしばらく俗世を避けていただけだ。それなのに、いつしかあなたは怖くなってしまった。冷笑を捨てたところで望みをかなえられないような気がして、何事にも挑戦できなくなったのだ。あなたの、人より劣り至らない部分が世間に露呈してしまいそうで、失敗し人からあざ笑われてしまいそうで怖くなったのだ。

　もちろんどんな人生を選択するかは、あなたの自由だ。だが冷笑という氷のように冷たい仮面の裏で寒さに震え１人寂しく生きたところで、あなたの中にたまっていくのは世間や他者に対する怒りだけだ。周りも、そんなあなたの態度に背を向けるようになるだろう。そのうち、あなたの冷笑を見てくれる人さえいなくなる可能性もある。若いうちは冷笑が哲学的でカッコよく見えるかもしれない。しかし年を取ってなおその態度を貫くことは、あなたが最も恐れていること——すなわち、あなた

が出来損ないで一緒にいると不快になる人間であることを白日
の下にさらすことにほかならない。

　だから、**これからは冷笑の仮面を外して自分に素直になるこ
とだ。そのためにはまず、あなた自身が孤独でぬくもりを渇望
し、カッコよく成功したくて失敗を恐れているという事実を認
めることである。**そうすれば、他の人にも似たような欲求があ
ることに気づくだろう。人というのは、誰しも似たような欲求
と葛藤の中で生きているものだ。

　さて、ここまできたら今度は、あなたが冷笑的になる前に
強く望んでいたことへ邁進しよう。あなたが恐れていたとお
り、やはり望みはかなわないかもしれない。それでもゆっくり
進んでいけば、そのうち気づくはずだ。**人生における最も重要
なものは、何かを成し遂げた時ではなく、成し遂げるために努
力する過程で得られるものだということに。**そして人はあなた
が思っているよりも、お互いに助け合い支え合って生きており、
そういう中にこそ人生の喜びと幸せがあるのだということに。

　最後に、ここまできても重い腰が上がらないのなら、確率を
考えてみることだ。いつかあなたが成功して幸せになる確率と、
そうならない確率が半々だったと仮定しよう。その場合、あな
たが努力した時の失敗率は50％だ。しかし何の努力もしなけ

れば、失敗率は100%になる。努力して50%の可能性をつかむ
か、100%確実な出来損ないとして生きるか。あなたの冷笑が
答えを出す番である。

怒りを鎮めるのに最適な
6つの方法

怒り

　古代ローマのストア派哲学の大家セネカは、著書『怒りについて』(兼利琢也訳、岩波書店) で「この情念のもたらす結果と害悪に目を向けると、人類にとってどんな悪疫も、これほど高くついたためしはない」と断言し、次のように語っている。

「激情のなすがまま、苦痛、武器、血、拷問を求め、一片の人間性もない欲望に哮り狂い、他者を害するまで己を忘れ果て、矢玉の注ぐ中へ突進する。復讐に燃え、復讐者自身、もろともに引き倒さずにはおかない。(中略) 狂気も同様に、己を抑えられず、体面を忘れ、係累に思いを馳せず、着手したことに意固地に固執し、理性にも助言にも耳を閉ざし、些細な理由に激しては正義も真理も見分けず、瓦礫の崩壊にさも似て、砕け落ちては押しつぶしたものの上に飛散する」

　セネカはそういう理由から、日常生活の中で怒りの解消法を習得することの重要性を主張した。幸い大抵の人たちは、怒りを放出したばかりに相手のみならず自分まで壊れてしまうという最悪の結末を望まないため、できるかぎり怒らないように努

める。

　なお、「怒る」ことと「怒りをあらわにする」ことは別物だ。怒りは極めて自然なもので、制御不能な感情である。反面、怒りを抑えるか相手にぶつけるかの選択は、100%私たちに委ねられている。とはいえ、その選択は決して容易ではない。なぜなら、ある人は怒りを抑えこみ過ぎて、またある人は怒りをぶちまけ過ぎて問題を起こしてしまうからだ。そのため古代の哲学者アリストテレスは、**「誰でも怒ることはできる。それはたやすい。だが、適切な相手に、適切な度合いで、適切な時に、適切な目的のため、適切な怒り方をすることは、たやすいことではない」**と言っている。

1
怒りが湧いた時は
数をかぞえるべし

　怒りが湧いた時は、その感情を認める一方ですぐに反応しないことが重要だ。怒りが制御不能になると、興奮して理性を失ってしまう。すると余計なことを口走り、振り返った時に必ず後悔する。なぜなら怒りの表出は、相手の最も痛いところを突くことを目的としているからだ。ゆえに**怒りがこみ上げた時は、ひとまず心の中で１から10まで数えよう。**数をかぞえている

うちに多少は興奮が静まって、湧き上がる怒りで失いかけていた理性も戻ってくるはずだから。そうなれば後悔するような言動は未然に防ぐことができる。それでも腹が立ってどうにもならない時は、アメリカの第3代大統領トーマス・ジェファーソンの言葉を思い出すことだ。「**腹が立ったら10まで数えろ。べらぼうに腹が立ったら100まで数えろ**」

2

他者に対する
最低限のマナーは守るべし

　周りを見渡せば腹の立つことばかりだ。なぜなら世の中は理解不能な人間であふれているからである。通勤中の人混みでは今日も誰かに肩をぶつけられた。それにしても、ああいう連中はどうして「ごめんなさい」のひとことが言えないのだろう？人波をかき分けてようやくたどり着いた会社では、自分のために淹れたコーヒーをチーム長にかすめ取られた。煮えくり返る気持ちを抑えて仕事に集中しようとしてみるが、今日にかぎってなぜこうもクレームが多いのか。後輩の手柄を横取りすることで有名なソ課長に、仕事そっちのけで株ばかり気にしているキム代理、今月の売り上げ目標は何としてでも達成しろとチーム員をせっつくチョンチーム長らに囲まれて1日仕事をしてい

たら、げんなりしてくる。周りを気にせず自分の仕事に集中しようと思っても、不意に怒りがこみ上げてくるのだ。どいつもこいつも、どうしてこんなに身勝手で厚かましいのだろう？なぜあんな生き方ができるのか、全くもって理解に苦しむ。

　人は誰でも自分の基準で行動し、それを正しいと考えるものだ。そのため一方では他者を理解しようと努めても、もう一方では自分の基準から大きく外れる相手に不満を持ち、腹を立ててしまうものである。そういう時は、誰にでもそれぞれ自分だけの基準があることを改めて思い出すことだ。**自分が気に入らないからといって、相手が間違っているわけではない。ただ自分とは人生の基準が違うというだけである。**それに、どんな人も100％正しい基準を持って生きているわけではない。つまり、自分だって間違える可能性は常にあるわけだ。したがって**どんなに理解できなくても、一方的に自分の基準を押しつけ、怒りをぶつけたり相手を侮辱したりしてはいけない。**それが他者に対する最低限のマナーだ。

3
あなたの怒りは
恐怖の裏返し

　人は自分の弱みを隠したがるものだ。それゆえ**劣等感**や**羞恥**

心がかき立てられた時も、「キレる」ことによってその感情を
隠そうとすることがある。こうした現象は、幼い頃に「男は絶
対に泣くな」と言われて育った男性たちに多く見られる。彼ら
は自分の感情を正しく把握できていないことが多い。深く傷つ
いた時も、拒絶されそうで怖い時も、恥をかいてしまった時も、
何やら負の状態に置かれたことに恐怖を覚えるだけなのだ。そ
のため恐怖心を隠そうとして烈火のごとく怒りをぶちまけ、他
者を攻撃するのである。**だから腹が立った時は、自分の抱く感
情が本当に怒りなのか、その裏に何か別の感情が潜んでいない
か、真っ先に探る必要がある。** 怒りをぶつけることと、何かへ
の恐怖を伝えることは全く違うことだからだ。

4

腹 が 立 っ た 時 は 、
い か な る 決 断 も 行 動 も し な い こ と

　モンゴル帝国を率いたチンギス・ハーン。ある日１人で狩り
に出かけた彼は、途中で喉の渇きを覚えた。小川を求めて歩き
回ると、岩地の間を流れる細い湧き水が目に入る。彼は腕に乗
せていた鷹を下ろし、取り出した銀の器に水を注いだ。岩を伝
う水流は糸のように細く、器が満たされるまでには、じれった
いほど時間がかかった。ついに満たされた器を口に運ぼうとし

た矢先、鷹が器を跳ね飛ばし、水を地面にこぼしてしまった。彼は腹が立ったものの、相手はお気に入りの鷹だ。鷹も喉が渇いていたのだろうと考え、改めて水をため始めた。しかし器に半分ほど水がたまったところで再び鷹が飛びかかってきた。とてつもなく喉が渇いていた彼は激怒し、引き抜いた剣を片手に再度水をため始めた。やがて器がいっぱいになり、それを口に運んだ瞬間、またしても鷹が飛びかかってきた。彼はとうとう堪忍袋の緒が切れて鷹をひと思いに斬ってしまった。ところが、しばらくして水源を探しに岩の上に立った彼は、驚くべき光景を目撃する。猛毒を持つ蛇の死体が小池のような水源に落ちていたのだ。もし彼がその水を飲んでいたら、確実に命を落としていただろう。彼は死んだ鷹を胸に抱いて野営地へ戻ると、その鷹の置物を金で作るよう家来に命じ、片方の羽に次のような言葉を刻ませた。

「怒りに任せ行動すれば、失敗を招く」

　これはパウロ・コエーリョの『賢人の視点』(飯島英治訳、サンマーク出版)に出てくる物語だ。鷹は主人の命を守るべく器に飛びかかっていたのだが、その事実を知らないチンギス・ハーンは腹を立てて鷹を殺してしまった。このように何かが起きた時、そこには避けられない事情やそれに相当する理由が隠れている場

合がある。だが怒りは理性を麻痺させ、判断力を奪ってしまうものだ。そのため、ある人は腹立ち紛れに離婚して、怒りに任せて人を殺す。したがって腹が立った時は、いかなる決断も行動もしないことだ。**どんなに腹が立ったとしても、避けられない事情がなかったか確認するのが先決である。**重要な決断は怒りが収まり、理性が回復したあとで下しても遅くない。哲学者バルタサル・グラシアンも言っている。「腹が立った時は何もするな。何をしても裏目に出るだろう」と。

5

怒るのは
明日に持ち越せ

　チェコには「明日に持ち越すべき唯一のものは怒りである」ということわざがある。セネカも怒りに対する最善の対策は、怒りを持ち越すことだとして次のように語った。

「しばしば哀れみが怒りを引き戻す。そこにあるのは、しっかりした堅固さを欠いた虚ろな膨張でしかなく、最初の激しい勢いに乗っているだけである。ちょうど、大地から立ち上がり、川や湖から発生した風は、吹き荒れても持続しないのと何も変わらない。激しい突進とともに始まりはするが、その後、本来の時が来る前に疲れて熄んでしまう」

だから本当に脳天まで怒りがこみ上げた時は、いっそ口を閉じたほうが得策だ。お互いの怒りが静まったあとで、何がいけなかったのかゆっくり考えてみればいい。そしてできるかぎり怒るのは先延ばししよう。怒るのを明日に持ち越せば、その瞬間に気づくはずだ。あなたの怒りは、もうすでに収まりつつあるということに……。

6

人生において人より
大切なものはない

　腹が立っている時は、相手の言動に強い悪意を見いだしやすい。だが本当に悪意のある言動というのは、思うほど多くないものだ。相手はただ少し身勝手だったり、考えが浅かったりしただけである。それに相手が赤の他人なら、あなたはそもそも腹を立てることなどなかっただろう。**腹が立つということは、その相手があなたにとってある程度大切な存在だということだ。**
　したがってどんなに腹が立っても、関係を壊すような言動は控えたほうがいい。例えば相手の致命的な弱点や恥部には決して触れないこと。親や家族に言及して相手のプライドを傷つけるのもご法度だ。**相手の言動になぜ自分が腹を立てたのか、その理由を伝えて相手を納得させるだけで十分である。**すなわち

どんなに腹が立っても、人生において人より大切なものはないことを肝に銘じておくべきだ。最後にセネカの言葉を伝えよう。「すべてを目にし、すべてを耳にするのは当を得たことではない。(中略) だから、あるものは延期し、あるものは笑い飛ばし、あるものは大目に見てやるべきである」

あなたを
苦しめているのは
別の問題かも
しれない

思い出したくない
「過去」に
出合ってしまったら

親への恨み

　かなり前のことだ。30代半ばとみられる女性患者が私を訪ねてきた。なかなか話し始めないので、何やらためらいがあるらしいと思い、じっと口を開くのを待った。どれほど時間が経っただろう。彼女は両親のことがとても**恨めしい**と言った。両親への怒りで自分を見失いそうだと。

　幼少期の彼女は勉強が得意だった。ところがどんなに誇らしい成績表を見せても、はたまた体育の時間に怪我をして膝から出血しても、両親は彼女を気にかけなかった。両親が関心を寄せる対象は、ひとえに兄だけ。祖父母も同様で、「一家の誉れ」となる兄ばかりをかわいがった。小学生の頃はそれがひどく悔しくて、ぐずったり泣きわめいたりもしてみたが、あまり効果は見られなかった。その結果、彼女はある時から心を閉ざした。思春期が過ぎると悲しみさえ湧かなくなった。何もかもが兄を中心に回る家庭に慣れ、自分でもすっかりその環境に適応した気になっていた。だが実際はそうではなかった。

「私、子どもを産んだんです。生まれた子は天使みたいにかわいくて。もぞもぞ動く指や唇も、泣きやんだと思ったらじーっ

とこっちを見てくる瞳も……。それこそ目に入れても痛くない
し、この子のためなら、すべてを投げ出してもいい。そう思っ
たら急に母のことを思い出してしまって。私もこんなふうにか
わいい赤ちゃんだっただろうに、なぜ母はあの時、私を愛して
くれなかったんだろう。どうしてあんなふうにしたんだろうっ
て」

　人は子を持つと親の気持ちがわかるようになるという。しか
し中には子どもを産むことでうつ症状が悪化する人もいる。こ
んなにもかわいい「わが子」という存在を、自分の親はなぜか
わいがらなかったのか。そう考えたら憤りや悲しみが噴き出し
てくるのだ。子どもの頃に親からきちんと愛されなかった人の
中には、「親になる」ということを敬遠する人もいる。良き親
の下でたっぷり愛情を注がれて育った経験がないために、わが
子を傷つけてしまいそうで怖いのだ。

　このように**幼少期の親子関係は成人後の私たちにも多くの影
響を与える**。「未解決の出来事」として心の中で置き去りにさ
れてしまった変えようのないつらい記憶が、大人になって出く
わした物事をきっかけに1つ2つと飛び出してきて現在を蝕ん
でしまうのだ。私の元を訪ねてきた彼女も、何の問題もなく暮
らしていたつもりだったのに、出産を機に思い出したくない過
去に出合ってしまった。彼女は今まで抑えこんできた怒りをぶ

ちまけ、どうすればいいかわからないと訴えた。親の顔を見れば悔しくてたまらなくなるし、わが子を見ると事あるごとに自分の幼少期が思い出されてつらくなるという。良き母になりたいのに、わが子をきちんと育てられなさそうでひどく怖いとも言っていた。

　私たちは現在を生きている。とはいえ現在は過去から派生したものであり、未来を決定づけるものだ。それゆえ現在と未来は、歩んできた過去から自由にはなれない。だが過去に受けた精神的ショックからいつまでも抜け出せずにいたら、「今の自分」までその苦痛に支配されてしまう。清算できずに残った失敗や過ちからくる絶望と怒りは、過去のみならず現在にまで続き、ひいては未来にも影響を及ぼしかねない。要するに自分自身が握るべき人生の主導権を、思い出したくない過去に握られてしまうわけだ。しかし、すでに死ぬほど苦しんできた過去に、いつまでも囚われているわけにはいかない。

　だから精神的にひどくつらくなった時は、自分の気持ちを無視せずに、そっと耳を傾けてみよう。心に潜むどんな部分があなたに不安や恐怖を抱かせるのか、幼少期のどんな記憶が今のあなたに影を落としているのか、心に問いかけるのである。

どんな人の心にも
傷ついた子どもが
住んでいる

心の飢餓感

　私たちの心の中には傷ついた子どもが住んでいる。傷ついているのに誰からも気づいてもらえず、癒やしてももらえないことで心の奥に隠れてしまった、そんな子どもだ。その子は傷ついた時から時間が止まっていて、成長さえも止まっている。ネバーランドへ飛び立ったピーターパンのように、心の片隅にある島で息を潜めているのだ。ギュンター・グラスの小説『ブリキの太鼓』に登場するオスカルのように成長を止めた、そのせいで幼い視点や恐怖、空想に固執する、そういう子どもである。

　人生とは、死ぬまで続く発達と成長の過程だ。 私たちは母のおなかから出た瞬間から発達と成長のために歩み始める。そのための原動力は遺伝子に組みこまれているため、望むと望まざるとにかかわらず前へ進まされる。そうして時間の経過とともに決められた発達段階を踏むのだ。

　なお、各発達段階には達成すべき課題がある。例えば3歳までには、自分と母が別個体であることを認識するとともに、母は常に自分を愛し、必要な時にはそばにいてくれるという確信

を得なければならない。母に対する揺るがぬ信頼を学習するのだ。また3〜5歳では、今後の性愛の方向性を決定づけるエディプス期を迎えて、エディプス・コンプレックスを克服する必要が出てくる。ここでいう「エディプス・コンプレックス」とは、男児が父というライバルをはね除けて母を自分のものにしようとする欲望のことだ。加えて青年期に入るとアイデンティティの確立が求められる。こうした発達は成人期や壮年期、老年期を経て死ぬまで続く。

いうなれば人生とは、生涯を通じて「私」という家を作る過程も同然だ。その家が完成した時、私たちは自分の墓碑銘が刻まれた墓に入ることになる。ちなみに家を建てるうえで基礎工事が重要なのと同じで、人生においても生後数年間の経験はその後の人生の輪郭作りに大きな影響を与える。この時期の経験がベースになって自分や他者、世の中に対する見方が決まり、対人関係のパターンが確立され、性愛の方向性が定まっていくのだ。

もちろん、それで人生のすべてが確定するわけではない。幸いにも、人生の中では矯正や修正の機会はいくらでもある。とはいえ基礎工事に問題がある家を建て直すには莫大な資金と労力がかかるのと同じで、人生においてもこの部分の矯正には多くの時間と労力がかかる。

　問題は「**傷つくことのない人生**」など**存在しない**ということ
だ。生きるうえで傷つくことは避けられない。なぜなら私たち
は際限なく欲を持つ生き物であり、それらの欲がすべて満たさ
れることは決してないからだ。そのため母の胸を離れ、一人歩
きを始めて世の中を学ぶ段階で、子どもには安心感を与えなが
ら見守ってくれる親の愛が絶対的に必要になる。

　そういう時期に親という存在がいなかったり、いたとしても
その人間が愛を注ぐ一方で突発的な怒りを噴出させるなど予測
不可能な行動を取るような人間だったりした場合、子どもは孤
独と恐怖を覚えて大きく傷つく。反対に、何から何まで子ども
に干渉する親も問題だ。そういう親の場合、子どもは自律性を
奪われて心に大きな傷を負うことになる。

　そんなふうに傷ついていながら誰からもそのことに気づいて
もらえなかったり癒やしてもらえなかったりすると、その傷痕
は深々と残り、その子は心の奥に隠れて発達を止めてしまう。
もちろんどこか一部が発達を止めたからといって、その人の発
達のすべてが止まるわけではない。傷ついた部分以外はその後
も発達を続ける。ただしその発達の仕方は、知的能力は高いの
に情操的には非常に未熟であるなど、アンバランスなものにな
る。このように、傷ついて身を隠してしまった子どもの時間は、
過去で立ち止まったまま進まないのだ。

もちろん傷ついた子どもだって苦痛から抜け出そうと絶えず努力はしている。それゆえ過去に戻って傷となった出来事を最初からなかったことにしようとしたり、異なる形で再現することで克服しようとしたりするのだ。例えば暴力的な親の下で生傷が絶えない日々を送っていた人は暴力的な配偶者を、アルコール依存症の親を持つ人は同じくアルコール依存症の恋人を選ぶといったかたちで克服を試みるのだ。しかし悲しいかな、そうした挑戦は往々にして失敗に終わる。済んでしまった過去を修復するという行為自体が無意味なものだからだ。

　したがって、もしあなたが似たようなタイプとばかり恋に落ち、同じような失敗をくり返しているのなら、そして愛を求めながら、いざ愛されると逃げてしまうという現象をくり返しているのなら、なぜそうなるのか一度考えてみるといい。**くり返される現象が、記憶の中にあるつらい出来事と関連していないか、確かめてみることが肝要だ。**

　深夜０時をとっくに過ぎた頃、ソヒョンさんは眠っている家族を起こさぬよう、こそこそとキッチンの冷蔵庫へ向かう。明日の初出勤を前にして、どうしても寝つけないのだ。眠れないまま１時間以上、横になっていたらだんだん不安になってきた。何か食べなければいけない気がする。きっとおなかを満たせば、ぐっすり寝られるはずだ。

　彼女は昔から良くない癖を持っていた。いらだちやストレスを感じた時に、ドカ食いしてそのまま布団に入るというものだ。あとで後悔し情けなくもなるのだが、それでもひとたびストレスを感じると、何でもいいから食べたいという衝動を抑えることができなかった。

　ソヒョンさんの場合、男の子を望んでいた母が彼女を出産してからうつ病を発症。父親が彼女を初めて抱っこしたのは、弟が生まれた2年後のことだ。彼女はそれまで誰からも目をかけてもらえない子だった。

　この世に生を受けた彼女が最初に感じたのは、空腹と冷淡さだった。うつ病を患っていた母は、幼い娘に死なない程度のミルクを与え、お尻がただれない程度におむつ替えをするだけだった。そのため空腹で泣き疲れた彼女は、指をしゃぶって冷たいおむつを着けたまま眠っていた。彼女のように生後1〜2年までの間に口唇期における、食べてしゃぶってかじりたい欲求が満たされなかったり、反対に過剰に満たされ過ぎたりすると、子どもは憂うつを感じやすくなる。

　口は私たちが世の中を探究し経験するための最初のツールだ。赤ん坊は手に触れたものを何でもかんでも口に運ぶ。そしてその味や感触などから、それぞれを区別し認識する。子どもはそうやって自我より先に口や唇による触覚を発達させるのだ。すなわち、子どもは自身が愛されているか否かも口を使って判断

しているのである。

　温かいお乳が口をとおして胃に流れ体を優しく包みこむと、子どもは満腹感に浸って幸せな顔で眠りにつく。一方で腹を空かせてどんなに泣いても反応を得られない冷淡な環境では絶望に浸ってしまう。すると成長後もいくら食べたところで満たされず、誰からも真に愛されていないという**心理的飢餓感**を覚えるようになる。

　食べ物は母の愛や扶養を意味するものでもある。幼い頃に母の愛を十分感じられなかった人にとって、食べ物を摂取することは母をかみ切り飲み下すという意味も持っている。つまり「食べる」という行為は、母への怒りを表す復讐の意味も含んでいるのだ。それに加えて表れるのが**「憂うつ反応」**である。子どもは悲しげな様子で覇気を失い、周囲の態度にもあまり興味を示さなくなる。指をしゃぶるとか爪をかむといった癖のほか、自慰行為にふけるような行動となって現れることもある。こうした生後間もない頃の経験は無意識下に残り、その人が世の中を知り、自分自身を理解していく過程で多くの影響を与える。

　常に孤独で、最終的にはみんなが自分から離れていくだろうという漠然とした不安に駆られているソヒョンさんが、そうした慢性的な憂うつを抱えるようになったのも、記憶としては

残っていない生後間もない頃の経験が大きく関係していると考えられる。彼女が食べることに執着し、憤りやストレスを感じるたびに暴食に走るのは、苦痛を食べ物で癒やして穏やかに眠りたいという幼い頃の願望の表れだ。よってストレスに伴う暴食を直したいのなら、彼女はもうこれ以上、**心の中に住む傷ついた子どもから目をそらしてはいけない。**似たような苦痛を味わい続けているのなら、その子が成長したくて声を上げているのだと認識し、その子がつらい記憶から抜け出せるように手伝ってやらなければならないのだ。

　それにはまず泣くのを我慢していたその子に、思う存分泣いて何がつらかったのかを訴えられる環境を作ってやる必要がある。自らの傷をさらし、それを取り除いたり薬を塗ったりできる環境を整えてやるのだ。そうすればその子は傷を癒やし、過去に別れを告げられるようになる。足を引っ張っていた過去から解放され、自分自身を見つめて世の中を受け止められるようになり、今を生きられるようになるのだ。

　すると自分自身に対して、**「今起きていることはあの時のこととは関係ない。ただ自分自身が、あの時みたいに怖いことが起きそうだと勝手におびえているだけだ。そもそも今の私はあの時と違って非力な子どもではないのだから、たとえ同じ状況になっても今なら乗り越えられる」**と言ってあげられるようになるだろう。

子どもの頃の話を
避ける人の共通点

1917年のハリファックス大爆発から2001年のアメリカ同時多発テロ事件に至るまで、歴史的惨事からの生還者1万5000人を追った「タイム」誌首席記者アマンダ・リプリーの著書『生き残る判断生き残れない行動』(岡真知子訳、筑摩書房) では、惨事に巻きこまれた人たちが一般的な予想とは異なる行動を見せることを記している。

人は津波やテロに遭遇した時、できるかぎり迅速にその場から離れるというのが一般的な予想だ。しかし実際の生還者たちは、危険を感知してからしばらくあとで避難していた。すぐに事態は好転する、まさかそんな惨事が自分の身に降りかかるはずはないと考えていたからだ。彼らは、自分だけは大丈夫と信じて危機的状況を否定したのである。

私たちが使う最も未熟な「**防衛機制**」の1つが「否認」だ。文字どおり自分の身に起きた災難を認めずに、まるでそんなことはなかったかのように否定するのである。例えば癌宣告を受けた患者が、そんなはずはない、間違いなく誤診だと考えて通院を拒んだり、いくつもの病院にセカンドオピニオンを求めたりす

る行為がそれに当たる。不幸な現実を拒絶することで、ほんの一瞬でも心の平安を維持しようというわけだ。

　人は不幸を認めたがらないものだ。不幸を認めてしまったら、惨めで覇気がなく無様な人間に成り下がってしまいそうな気がして、あるいはそのあとに訪れる怒りや絶望感に耐えられなくなりそうな気がして、はなからその事実を否定するのである。それで不幸が消えるなら、どんなにいいだろう。しかし不幸は決して消えない。しかも、その代償となる苦痛は絶大だ。ソンウさんがそうだった。

　断るのが苦手なソンウさんは常に周りを気にかけて、人が嫌がる仕事もいとわず引き受けるので、どこへ行っても歓迎された。ところが、とある集まりで人から出しゃばりだと陰口をたたかれたことから、体がずしんと重くなってしまった。さらに、自分を非難する人たちへの怒りで夜も眠れなくなったという。

　カウンセリングの中で幼少期について尋ねると、彼はいつも、何の問題もない幸せな幼少期だったと主張した。ところが、どういうわけか中学校に入るまでの記憶はほとんどないという。その話を聞いた私は、言葉を選びつつこう尋ねた。

「もしかして、それ以前のことを思い出すのがつらいからじゃありませんか？」

　それでも彼は頑なに、自分は本当に幸せな家庭で、特に変わっ

たこともなく育ったと言い張った。しかしカウンセリングが進み、記憶を押さえつけていたものが外れていくと、彼は幼少期のつらい記憶を1つ2つと思い出し始めた。

　彼の母は望まぬタイミングで彼を身籠っていた。そのため彼は祝福されることなく生まれ、無愛想な父と病気の母の下で育った。父はささいなことで急にカッとなるため、常に顔色をうかがう必要があった。一方、病弱な母については幼い頃から家のことを代わりにやりつつ黙々と守らなければならなかった。彼は結婚した今も、毎週実家に立ち寄って泊まりがけで家事を手伝っている。そのせいで妻との関係もあまり良好ではなかった。

　和やかで平穏な幼少期——それは事実ではなく夢物語だった。それでも彼は今までずっと、その事実を否定して生きていた。彼は温かな家庭を夢みた。両親からたくさんの愛情を注がれながら両親を喜ばせられる自慢の息子になりたかった。だから母を守り、父の機嫌を取りながら頑張ってきたのだ。それなのに孤独でつらかったという事実を認めてしまったら、これまでの努力と時間がすべて水の泡になるだけでなく、抑えこんできた両親への怒りまで噴き出しかねない。彼はそういう理由から幼少期の自分の実像を否定して、そこから目を背け、そそくさと傷に蓋をした。まるで傷などなかったかのように。

　ところが、なんとその傷が心の中で腐り始めた。その結果、

彼は常に得体の知れない緊張感と漠然とした不安に駆られ、時折湧き上がる他者への怒りをコントロールできなくなった。蓋をしてあった傷が、事あるごとに外へ出ようとするようになったのだ。

　ソンウさんの場合、孤独で不幸な幼少期を認めることは大きな苦痛であり悲しみだった。だが私とのカウンセリングをとおして、満たされなかった幼少期を認めた彼は、ついに自分と両親の実情にきちんと目を向けられるようになった。その後さらに、母自身も傷ついていたことに気がつくと、母に対して抱いていた得体の知れない心理的な負担や居たたまれなさからも抜け出すことに成功した。蓋を開けて中の傷を観察し、問題の本質を把握して解決するための力を得たのである。

　今の彼は毎週の実家帰りもしていない。母に愛されたかった過去と決別した彼は、手遅れでないことを祈りながら、その分の時間を妻との関係修復に充てている。

　誰にだって不幸だと感じた時間はあるものだ。恥ずかしくてたまらない時間もあっただろう。それでも**一時的な平穏を求めてその不幸を否定してしまえば、自然治癒のチャンスを失い、ますます傷を腐らせることになる**。傷に蓋をしたところで何の役にも立たない。だから、もしあなたが不幸な過去に囚われて苦しんでいるのなら、これからは恐れることなく勇気を出すべ

きだ。過去の不幸を認めて傷を直視してこそ、それを治す力も得られるからである。

　また、誰もが夢みる、おいしい夕食を囲んで仲むつまじく会話を交わす温かな一家団欒も、それぞれが自分のことで忙しい現実の家庭ではなかなか実現するのが難しいものだ。それに温かな家庭とは、根本的に「けんかをしない家族」ではなく、「けんかをしてもすぐに仲直りができる家族」である。**人が交わって暮らしていれば、たとえ家族間でも葛藤が生まれるのは当然**だ。問題解決のためには声を荒らげることもあれば、意見の対立でけんかになることもある。だが温かな家庭は葛藤を恐れない。葛藤が生じても、どうにかしてそれを解決するべく互いに努力できると信じているからだ。

　反対に、けんかがない家は「温かな家庭」ではなく、「お互いに葛藤から目をそむけている家庭」という可能性がある。そういう家のベースにあるのは、平和ではなく息も詰まるような沈黙だけだ。そういうわけで、まずは「温かな家庭」に対する誤った幻想から抜け出すことだ。世の中には、問題や葛藤がない家など、どこにもないのだから。

心 の 中 の 子 ど も を
慰 め る ４ つ の 方 法

　私はこの30年余り、精神分析の専門医として働く中でたくさんの患者に会ってきた。彼らは皆、傷ついた過去を持っており、そのせいで不幸だと訴えてくる。一方で、過去に向き合うのは怖いと言うのだった。私はそのたびに、真っ暗な洞窟を思い浮かべた。

　ここに１つの洞窟がある。その洞窟には魔物が住んでいるといううわさがあった。たしかに風が吹く日には、中から泣き声のようなおかしな声が聞こえた。夜になると、真っ黒で巨大な物体がうごめいているのが見えることもあった。そのため誰も洞窟に入ろうとしなかった。問題は洞窟内の湧き水だ。日照り続きでどうしても水が必要なのに、人々は魔物が怖くて洞窟に近づこうともしない。そこでうわさを頼りに有名な洞窟探検家を連れてくることになった。彼が掲げる明かりを先頭に、人々はおずおずと洞窟に入った。洞窟内部には、そこかしこにとがった石があり、つまずく者も何人かいた。それでも人々は湧き水を求めて洞窟の奥へと進み続けた。だいぶ進んだところで、ど

こからかカサカサという音が聞こえた。洞窟探検家が音のするほうを照らすと、数匹の小さなネズミが果物を食べているではないか。洞窟内に突如として笑い声が響いた。

「なんだ、ちっこいネズミじゃないか。こいつが果物をかじる音が風に乗って大きく響いてたんだな。大きな影も裏側から差す月明かりに照らされたこいつらの影だったのか」

その後、人々は安心してきれいな湧き水をくめるようになった。

精神分析もこれと同じだ。洞窟は私たちの無意識であり、その中のネズミは過去の恐ろしくてつらい記憶、湧き水は心の中の「創造性」や「真の自我」に当たる。

人は過去の怖くて傷ついた記憶を基に現在を見る習性がある。そのため**過去の記憶に囚われて本来持っている健康な心を見失ってしまう**のだ。ここでいう洞窟探検家は精神分析家のことだ。人間の無意識に関する地図と探険の経験を持つ分析家は、患者とともに無意識の中を探険し、その人が恐れているものの実体を明らかにする。その実体は幼少期なら恐れる以外になかったけれど、成人になった今なら十分に解決可能な問題だ。魔物だと思いこみ、まともに見ることもできず恐れていたものが実は小さなネズミだとわかって安心するのと同じである。要するに**過去の傷は、あなたが恐れているほど大きくないかもし**

れないのだ。

　洞窟探険の過程は、精神分析でいうところの自由連想に等しい。人は心に浮かんだ単語を口にする中で、ぼんやりとは感じていても怖くて直視できなかった自分自身の感情と出合う。すると、なぜ当時の自分がそういう行動を取ったのかが見えてくる。それは自分が至らなかったとか、出来損ないだったからではなく、誰でもそうせざるを得ない環境に置かれていたからだという事実にようやく気づくのだ。このように、ふがいなく非力だった過去の自分と向き合う中で、自分自身と自分を傷つけた人たちの事情を把握できるようになれば、きちんと和解したうえで過去に別れを告げられるようになる。いずれにせよ**重要なのは、うそ偽りのない自分の姿をありのままに認めて受け入れることだ。**デミアンも言っているではないか。
「鳥は卵の中からむりに出ようとする。卵は世界だ。生まれようとする者は、ひとつの世界を破壊せねばならぬ」(『デミアン』ヘルマン・ヘッセ著、実吉捷郎訳、岩波書店)

1
過去を再構成すること

　ジュンさんは治療開始直後から、とても経過が良かった。彼

女は子どもの頃から勉強ができて、下の子たちの面倒もよく見るしっかり者の長女でありながら、両親に褒められたり評価されたりしたことがなかった。頭の良さも「勉強しかできない」という欠点にされて、他の兄弟と比べて容姿が劣るという理由で不細工とも言われていた。

　そんな彼女が愛した男性は温かな家庭で育った末っ子だった。自分とは違って心に傷がない彼にすっかり熱を上げた彼女。しかしある日突然、彼から一方的に別れを告げられてしまった。それ以降、彼女は自分に好意を示してくれる相手を無意識のうちに避けるようになった。そして、そんな彼女の姿勢は彼女自身にとっても違和感のあるものだった。

　彼女は、そんな自分への疑問を持って私のところへ訪ねてきた。だが実を言えば、彼女は私の助けがなくても十分に自己解決する力を持っていた。自分に興味を示す相手から思わず逃げてしまうのは、隠された自分の姿を相手に見られたくないからだろうと彼女は言った。親しくなる中で自分の醜く弱い部分が見えてしまったら、相手は前の彼氏と同じように自分の元を去っていくかもしれない。そんな不安が思いのほか、大きかったのだ。彼女は自分をそういう性格にした両親を恨み憤った。両親はなぜ兄弟ばかりかわいがったのか。妹が皿を割った時は急いで怪我の有無を確認するのに、自分の時はどうして大事な皿を割ったと叱りつけたのか。弟の成績不振が、どうして自分

のせいになるのか……。

　しかし、そんな彼女も私とともに過去を旅することで変わった。虐待ばかり受けてきたと思っていた幼少期の記憶の中に新たな事実を見つけたのだ。両親は彼女を愛していないわけではなく、単に愛情表現が苦手なだけだった。母や父の立場から見ると、両親ははなから彼女を嫌って、傷つけようとしていたわけではなかったのだ。そうやって幼少期をより客観的に見つめ直したことで、彼女は両親への怒りを鎮めることに成功した。

　何か問題が起きた時、そこには背景があるものだ。人の言動についても同じである。その人の全体を理解して、どうしてそういう愛情表現をするのかわかれば、余計な誤解で傷つくことも減る。少し意外かもしれないが、過去を再構成すること、つまり**傷ついた過去に戻って、自分ではなく相手の立場で物事を考えることは、傷を克服するためのポイント**だ。ひょっとするとその傷の多くは、相手の全体を理解しないまま自分の立場だけで考えていたために生まれたものかもしれないからである。

　ジユンさんはその後、少しずつ傷を克服し解き放たれていった。両親の不器用な愛情に気づいたことが、彼女にとって何物にも代えがたい大きな喜びになったのだ。その時、私は近い将来、彼女にステキな恋が訪れる予感がした。

2
怒りを恐れないこと

すぐにキレる人と同じくらい、全く怒らない人も問題だ。

　かつて50代前半の女性患者がいた。彼女は怒りを全く表に出さない代表的なタイプで、夫と息子を支えながら一手に家事を担う専業主婦だった。家族は3人だけだったが、彼女の仕事は山のようにあった。夫は皿洗い一つしたことがなく、息子もそんな夫をまねして何もしない。彼女は1人であくせく働きながら、夫や息子に腹を立てるどころか手伝いすら求めなかった。家がどんなに散らかろうと一切片づけようとしないうえ、リビングのソファに座ったまま飲み物やら靴下やらを要求してくる夫には腹が立ったが、それでも彼女は怒りを抑えこんでいた。ところが、いつの頃からか彼女はストレスで悪夢や幻覚を見るようになった。

　病院に来たのは、おぞましい悪夢のせいで昼間さえ怖くて1人でいられなくなった頃だ。彼女が見る夢は場所こそ毎回変わるものの、いつも大爆発によって人々が血を流し、もがき苦しみながら死んでいくという恐ろしいものだった。

　私は会話を通じて彼女が日頃全く怒らないということを知った。彼女は自分が怒れば秩序が乱れ、周囲が混乱すると思っていた。自分さえ我慢すれば、万事うまくいくと信じていたのだ。

　しかし１日２日ならまだしも、数十年にもわたって我慢し続けるなんて容易なことではない。外からの強い圧力によって一定期間怒りの表出が抑制され続けると、その怒りは内部に蓄積し、ある瞬間に爆発してしまう。彼女の場合も、爆発寸前まで怒りがたまっているようだった。だから彼女の無意識は、自分が怒れば建物が崩壊し、罪もないたくさんの人たちが死んでしまうという、おぞましい幻想や悪夢によって頑なに怒りを押し殺したのだ。カウンセリングを始めて数か月たったある日、彼女は夜も遅い時間に電話をかけてきた。彼女はとても不安そうな声をしていた。

「また、あの夢を見たんですか？」

　私は静かに質問した。

「違うんです、先生。私、大変なことをしてしまって。夫と息子に声を荒らげて怒ってしまったんです。今、１人で部屋にいるんですけど、すごく不安で。一体どうしたらいいんでしょう？」

　私は、大丈夫だから心配せずにゆっくり休めと伝え、彼女が落ち着くのを待った。２日後、カウンセリングに来た彼女の表情が明るかったので安心した。彼女は席に着くなり事の顚末を教えてくれた。翌日、朝食をとっていた息子と夫は、彼女の心配に反しておずおずと話しかけてきたという。

「先生が言ったように、私が怒っても大した事件は起きません

でした。夫も私に謝ってくれたんです」

　無理に怒りを抑えこむのはやめよう。**不満の吐露を恐れては
いけない。**私たちはむしろ、**相手を非難することなく冷静にう
まく不満を伝える術を学ぶべきだ。**思っていることをうまく伝
えられれば、人はもっと自由になれる。なぜなら、そうやって
思いを伝えた部分については、もう無理に平静を装わなくても、
ありのままの自分でいられるようになるからだ。

3
「all good or all bad」という
思考から抜け出すこと

「all good or all bad」の思考から抜け出すということは、好き
嫌いの感情を統合する能力を身につけるということだ。

　どんな人でも長所と同じ分だけ短所を持っているものだ。と
ころが、世の中には他人を「長所と短所を併せ持つ存在」とし
て認識できない人がいる。彼らから見ると世の中には「完全に
いい人」と「どこまでも悪い人」しかいない。そのため持続的な
対人関係を結ぶうえで大変苦労する。恋愛においても同様だ。
そういう人たちの場合、好きになってすぐは相手を極度に美化
して相手のすべてをプラスに捉えるが、そのうち欠点が目につ
くようになると、何もかも我慢ならなくなる。理想の相手は一

瞬にして、欠点だらけの何ひとつ取り柄がない人間に成り下がるのだ。すると彼らはショックを受けて、すぐにまた別の人に目移りする。

　だが、よく考えてみよう。すべてにおいてすばらしい人とか、どこを取ってもダメな人なんているだろうか？　彼らの問題は、自分自身に対してもそういう思考を適用することである。彼らは「短所を持つ自分」に、異常なまでのコンプレックスを抱いている。だから親しくなった相手が自分の欠点に気づいたら、すぐさま去ってしまうのではないかと恐れるのだ。だが**「悪いところがあること」と、「悪い人であること」は同じ意味ではない**。ゆえに無意識下にある暗く否定したい面と意識的に対峙したり、それらを悲観し気落ちしたりしても意味はないのだ。

　自分に自信がある人は、自分のことを欠点もあるが、それを上回るだけの長所を持った「いい人間」だと考える。つまり彼らは自分に悪いところがあることを承知したうえで、それを恐れていないのだ。「all good or all bad」という思考から抜け出すためには、欠点だと思う面も自分の一部として認め、受け入れることが先決ということである。それができたら、次は興味を持ってそれらを観察することだ。そうすれば抱いていた焦りや不安や恐怖も、余裕と躍動感に変わるだろう。

4
「So, it's me」と
言ってみること

　無意識の中にある傷を知り、その傷の根源を見つけて記憶を再構成し、自分自身についてありのままに表現できるようになれば、「うん、それが私だよ (So, it's me)」と宣言できるようになる。**傷さえも自分の一部と捉え、無駄に動揺しなくなる**のだ。

　夫婦げんかが絶えなかったハヨンさんは、治療をとおして、けんかの原因が自分自身にあったこと、そして自分がそういう行動を取ってしまった要因に気がついた。そんな彼女が「So, it's me」と言えるようになった日、私は喜んで彼女に別れを告げた。これからどうすればいいかと尋ねる彼女に私は笑顔で答えた。

「あなたの思うようにしてください。これまであなたの過去が握っていた人生の主導権を、これからはあなた自身が握るんです。一番あなたらしい選択をすること、それが正解です」

　気づくのと同時に問題がすべて解決するわけではない。たとえ気づいても無意識の反復によって、それまでと同じ問題が起こり続ける可能性はある。それでも、いつかは事前に感情をコントロールし、その問題のせいで発生し得る深い傷を回避でき

るようになるものだ。例えば無意識下にある傷のため、事あるごとに愛する人たちへ怒りをぶちまけていた人は、ある瞬間ひどい暴言を吐きながらも自らを顧みて言動に気をつけるようになる。「なんでだろう、またやっちゃったよ。妻は何も悪くないのに。今度からは気をつけないと」。そうやって自分に呪文を唱えるようになるのだ。

　精神分析学の創始者フロイトは、正常の基準を「無意識下にある欲望や原始的な衝動 (エス) と、外界におけるプレッシャーのバランスがとれていること」と称した。つまり、どんな人でも無意識下にある傷から完全に解放されることはないということだ。したがって、**コンプレックスや葛藤を抱くこと自体に問題はない**。大事なのは、それをどう受け止めてポジティブな方向へと転換していくかだ。

　私も心の中のとある作用によって、完璧でなければ愛されないという強迫観念を持っている。だが、私はその存在を否定するつもりもなく、それ

を理由に自己卑下をするつもりもない。むしろ、その強迫観念は仕事をするうえで原動力にもなり得るからだ。

　恋愛についても同じである。みんながみんな成熟した恋をする必要もなければ、燃えるような恋をする必要もない。どんな形であれ幸せを感じ、心穏やかでいられるのならそれでいい。そういう気持ちでいられれば、無理に理想を求めて異なる愛の形に執着しなくなるだろう。そして十分に幸せをかみしめながら、豊かな愛情を感じられるようになるはずだ。

「これが私だよ。何か文句ある？」

　少し生意気で挑発的に聞こえるかもしれないが、それこそが自分自身を健全に表現する状態だ。この宣言は、傷から他者を遠ざけたり、傷を隠して否定したりする目的ではなく、心からそう思っている時に意味を持つ。自分自身をありのままに表現できるほど強くなれれば、もう何も恐れることはない。**これからあなたに待っているのは、選んだ人生でベストを尽くし、その中で幸せを感じることだけだ。**

親不孝者になることを
すすめる理由

親子関係

依存

過干渉

　イェリンさんは近頃、母を見ると複雑な気持ちになる。家計が苦しく厳しい時期もあったが、いつもきちんとしていて生活力のある母だった。それが最近はめっきり物忘れがひどくなり、どこに物を置いたか忘れていつまでも探しているし、不眠症による寝不足のせいで毎朝イライラをぶちまけてくる。しかも、ほんのちょっと文句を言っただけで自分を見下していると憤慨し、帰りが少し遅くなっただけでも早く帰ってこいと何度も電話をかけてくる。出勤前の忙しい時間には服装にケチをつけてくるし、帰宅すれば勤め先での出来事を根ほり葉ほり聞いてて、休日に外出しようものなら、誰とどこへ行くか詮索してくる始末だ。そこでついに堪忍袋の緒が切れて、もう子どもではないのだから放っておいてくれと言えば、間違いなく十八番の小言が飛び出してくる。

「どうして、そんな口が利けるの？　苦労して育ててやったのに、自分1人で大きくなった気でいるんだから。かわいがって損したわ」

　今朝はそのせいで思わずカッとなり、とうとう言ってはいけ

ないことを言ってしまった。

「だったら産まなきゃよかったでしょ」

　バタンとドアを閉め家を飛び出したところで、後悔の念が押し寄せた。

「一生懸命育ててくれたお母さんに、あんなことを言うなんて。どうしてもっと冷静になれなかったんだろう」

　イェリンさんの母は27歳の時に彼女を産んでいる。今年彼女は30歳だから、母は57歳だ。母は、学校に馴染めず海外留学してしまった兄よりも妹である彼女に期待をかけ、彼女がまだ小さいうちから、能力さえあれば女だって１人で生きていけると口癖のごとく言い聞かせていた。

　そんなふうにプライドが高く生活力があった母も、寄る年波には勝てないという古い言葉のように、１つ２つとシワが増え、気分の落ちこみやイライラが激しくなった。しかも少し無理をしただけで、ここが痛い、あそこが痛いと弱音を吐き、娘に頼ろうとしてくる。

　イェリンさんは、そうなればなるほど束縛されている気がして息が詰まった。とはいえ、苦しむ母を見て見ぬふりすることもできない。母を大事にしようと決意して、優しく接するようにしてみると、ここぞとばかりにますます頼ってくる母に怒りもこみ上げたがその後は決まって、母を無碍にしたという罪悪

感にさいなまれた。

　近頃気持ちがふさぎがちなのは母のほうも同じだった。自分の命より大事に育ててきた娘が、老いたからといって自分を疎んじ、ないがしろにしている気がして悲しかった。親の意向で夫と結婚し、やりたいことを諦めることにはなったが、娘を出産してからは再び人生の意味を見いだせるようになった。
「この子には、やりたいことを何でもさせてあげよう。私みたいにならないように」
　母は食べたいものも着たいものも我慢して、娘を育てることに専念した。幸い娘は頭が良くて、親の期待を裏切らなかった。大人びた子で母が体調を崩したり疲れたりしている時は労わってもくれた。
　そんな娘が徐々に自分を疎んじるような態度を取るようになったと思ったら、最近は深く心を傷つけるような言葉まで平気で吐くようになった。生意気にも思えたし、やるせなさも感じた。これまで娘に懸けてきた日々は誰が補償してくれるというのだろう？　子育てに夢中になるあまり夫との間にはすっかり溝ができていて、会話らしい会話なんてもう何年もしていない。しかも最近はめっきり記憶力も落ち、顔にはシワとシミがどんどん増えて、鏡を見るのも怖いくらいだ。そんな状況でも家族は誰一人として老いていく自分に目を向けず、単に母とし

ての役割を押しつけてくるばかりだ。そんな人生を思ったら、母はひどくむなしくて、わびしくて、腹が立った。そして、こんなふうにみすぼらしく老いていくのかと思ったら、とんでもなくぞっとした。

　なぜ母と娘は、それぞれに苦しまなければならないのだろう？　どうして、こんなにも関係がこじれてしまったのだろう？

　子どもは誰しも親の保護を必要とする。しかし成長して大人になったあとは、独り立ちさせるのが親の務めだ。**成人した子どもを親がいつまでも自分の手の中に閉じこめておこうとしたら、子どもは自律性や独立性が守られず、苦痛を覚えることになる。**母との関係に悩む娘たちから話を聞くと、肩の上に重石を乗せられている気分だとか、喉に小骨が刺さっているかのようにもどかしいと言って、身体的な痛みを訴えるケースも少なくない。ここで驚くのは、幼少期に暴力や虐待を受けていたというわけでもなく、愛情を注がれて大切に育てられた娘たちが、そうした苦痛を覚えているという事実だ。

　イェリンさんの母のように、家族のため夢を諦めた人の場合、娘を自分の分身のように捉えやすい。娘なら同じ女性として自分の気持ちをわかってくれるはずであり、自分がかなえられなかった夢も代わりにかなえてくれるはずだと期待する。そ

の結果、母は自分の欲求を娘に注ぎこみ、娘のすべてに干渉するようになるのだ。その際、娘は母の愛を得ようと「自分が望む姿」ではなく「母が望む姿」になろうと努める。だがその一方で、自律性と自我を押しつぶされて、母に深い憤りを覚える。

　しかも、30歳にもなれば娘は実質的な独立を求めるのに対し、更年期を過ぎ老年期に入った母はより一層娘に頼ろうとするので、両者の溝は深まるばかりだ。

　どんな関係であっても、各自の独立性がきちんと守られていなければ「健全な関係」とはいえない。特に家族は最も近いところですべてを共有する関係だから、個人の独立性を守ることはとても重要だ。これは単に同居しているか否かの問題ではなく、精神的にどれだけ分離できているかという問題である。

　もしあなたが娘の立場で、母から大きなストレスを受け、母を憎む自分を責めているのなら、ひとまず**「いい子症候群」**から抜け出したほうがいい。黙って従っていなければ母に愛されないということはない。もしそんなふうに教えた親がいるなら、その親は間違っている。どんな人も、ありのままの姿で愛される権利を持っているものだ。ゆえに母の言いつけだから絶対に従わなければならないと思う必要はない。それに**母から独立することは娘のためだけでなく、母のための選択でもある。それは自分の人生を生きる自由を母に与えることなのだから。**

それから、自分のせいで母には犠牲を負わせたという罪悪感も捨てるべきだ。**厳密に言えば、母にとって子育ては本人の選択であり楽しみだった。娘はすくすく育つことで十分母に恩返しをしたのだ。**だから、もう十分である。

　それでも自分を育てるために母が夢を諦めたという事実や、老いてしまった母を思えば罪悪感をぬぐうのも容易ではないだろう。だが娘がきちんと独立しなければ、罪悪感やむなしさからは母娘ともども永遠に抜け出せない。それぞれの自我を尊重してこそ、本当の意味で互いを支え合い、労われるようになるものだ。よって、もし母への愛はあっても一緒にいるのが苦痛でしかたないのなら、一時的に親不孝と言われることになっても距離を置くことをおすすめする。

　この世に生を受けた瞬間から共にしてきた親と距離を置くことは、とても難しく恐ろしいことだろう。そもそも今まで母と距離を置くことができなかったのは、もしかするとあなた自身が独立し、自分１人ですべてに責任を負うことを恐れていたからかもしれない。だが、あなたは母からバトンを受け継ぎ、世代交代しなければならないところにきている。あなた自身の人生を歩み、前に進まなければならない時が来たのだ。

　だから、まずはあなたが凛とした幸せな日々を過ごして、母の頼もしいサポーターになってやることだ。そうすれば母も子

離れができ、自分自身の人生を見つけてくれるだろう。**母はあ
なたがいなくても十分幸せに生きていける。**それどころか、今
まで子育てのせいでできずにいたあらゆることを経験し、新た
な幸せにも出合えるかもしれない。

　母と娘がお互いに足りない部分を補い合う人生の先輩後輩で
あり、パートナーのような関係になれたら、どれほどすばらし
いだろう。加えて女性として、また人生の先輩としての母の話
に耳を傾けることができれば、あなたの人生はより一層豊かに
なるはずだ。

過去から抜け出すことは
永遠にできないの
だろうか

罪悪感
悲しみ

　5人兄弟の3番目として生まれた私は幼少期、常に愛情に飢えていた。愛情というものが、どんなに注がれたところで際限なく欲しくなるものだということを知らなかったのだ。当時の私は単純に、自分に注がれるはずの愛情まで一人占めする2番目の姉がとにかく恨めしくてしかたなかった。

　年子だった私たちは、ほとんど双子のようにして育てられた。しかし、ひどく内気で照れ屋で寂しがりだった私とは違い、姉はすべてにおいて優秀でいつも注目されていた。そんな姉は私にとって尊敬と憧れの対象でもあったが、成長期の間はずっと口にできない嫉妬の対象でもあった。人知れず姉の不幸を想像したこともある。姉の才能が1つでもなくなれば、その分だけ私にも注目が集まるような気がしていた。正直に言えば、私の中には、姉なんていなくなればいいという思いもあったように思う。

　ところが私が高校3年生になった年、その姉が交通事故で本当に死んでしまった。とある大学に首席で合格した姉は、その

大学の目の前の道路で事故に遭った。

　それ以降、私は罪人になった。自分があんなことを考えたから、姉が死んでしまったのだと思った。私はその罪悪感のせいで、姉の死をきちんと悼むことも、気持ちを切り替えて笑うこともできなくなった。家族の反対を押し切って医大に入ったのも、どんな形であれ姉の死に対してつぐないをしたかったからだ。姉は生前、世の中に必要とされる人間になろうとよく私に言っていた。

　私はいまだに姉の死から解き放たれていない。そろそろ姉も許してくれるだろうなんて一瞬でも油断しようものなら、心の奥にある朽ち果てた古傷が、雨の日にうずく交通事故の後遺症のごとくよみがえり私を苦しめるのだ。私に生きるべき理由を教えてくれる人がいたら、その人にすべてを差し出しても構わないと思うほどつらかった。

　そしてその苦しみが募れば募るほど、私は恋をしたくなった。私に救いの手を差し伸べて、行き場のないこの心を留めてくれる誰かを求めたのだ。ところが、いざ目の前に誰かがやってくるとビクッとして逃げ出すばかりである。そんな私にできることは、遠くから相手を見つめる片思いだけだった。

　精神分析を学んで、無数の患者を診ながら30年余り過ごしてきた今ならわかる。努めて平静を装ってはきたが、姉の死が

私に与えた傷はあまりに大きかった。それゆえ傷つくのが怖くなったのだ。傷つかずに済む安全な片思いの洞窟に籠もるなんて随分突飛な話だが、当時の私は自分みたいなダメ人間は愛されるはずがないと思っていた。告白したらフラれそう。そんな思いがまた新たな恐怖となって私に襲いかかる。だから決してフラれないために、誰にも知られないように恋心をひた隠しにしなければならなかった。

　そして何より姉は自分のせいで死んだのかもしれないという罪悪感は、私に自分は罰を受けて当然であり、幸せになってはいけないのだという認識を植えつけた。私は幸せになる資格も、誰かから愛される資格もない人間だ。悠々と休むことも、楽しい気持ちになることも許されない。自分は好ましいものを享受してはならないという発想は、何をするにも私の足首をつかんで離さなかった。

　それでも心のどこかには、自分を押さえつける恐怖から抜け出したい気持ちがあったのだろう。私が精神健康医学科を選択したのは、そのためではないかと思う。精神分析とは、年季の入った根深い症状によって何度も同じ問題がくり返され、全く解決の兆しが見えないという人に——いうなれば過去に囚われて身動きが取れなくなっている人に、自らの問題を悟らせて、解決の手助けをするものだからだ。だが、時にはこういう質問を受けることもある。

「過去を理解したところで何になるんです？　何も変わりませんよね？　そんなことをしたって、つらい過去はちっとも消えないじゃないですか」

　たしかにそのとおりだ。人前に出るたびに逃げ出したくなるほど不安になる現象が、恐ろしい父から小さなミスさえひどく責められ罰せられていた幼少期の記憶と関係があるとわかったところで、何の意味があるだろう？　それに気づいたところで、厳格な父が急に穏やかになるわけでもない。常に人の顔色が気になって頼まれ事を断れない性格が、子どもの頃に親に放置され祖父母の家に預けられた記憶と関係があるとわかったところで、今さらどうにもならないではないか。

　たしかに、気づいただけでは何も変わらない。このように現在の自分が抱く不安や恐れが過去に起因するものだと論理的に知ることは**「知的洞察」**というのだが、知的洞察だけでは大きな変化は起こせない。ここで重要なのは**「感情的洞察」**だ。感情的洞察とは、問題の原因をより深く認知して、それまでに抱えていた悲しみや恐怖を放出させることを指す。この感情的洞察こそが、私たちを変化させるのだ。

　そうはいっても一度洞察しただけでは不十分である。人間は変化を拒む属性に加え、過去をくり返そうとする属性も持っているから、洞察を実生活に反映させるまでには長い時間と努力

が必要だ。1歩進んで1歩戻り、再びまた1歩進んでは1歩戻るといった具合に、前進と後退をくり返すのである。だとしたら、過去から抜け出すことは永遠にできないのだろうか。いくら努力しても無意味なのでは？　あなたがそう思っているのなら、私はこう言おう。

「スタートさえ切ってしまえば、半分終わったも同然です」

　ひとまず大まかにでも原因がわかれば、その問題からは距離を置けるようになる。断れない理由が拒絶されることへの恐怖だとわかれば、少なくとも現在と過去を切り離せるようになるものだ。そして次に同じ状況に置かれた時は、立ち止まることができるようになる。

「あっ、私ったらまた同じことをくり返してる」

　それに気づければ自分で選択できるようになる。過去を生き続けるか、今をありのままに直視するか——なおこの時、現在の苦痛が過去に由来することを知っているだけでは不十分だ。心で起きるどういう現象が自分にその行動をくり返させるのか、詳しく知っておく必要がある。過去の出来事が現在の心理構造にどんな影響を与えているのか、そのメカニズムを理解しなければならないのだ。

　人前に出るのが怖いというケースでは、幼少期の経験からくる怒りを「抱くべきではない感情」として反射的に押しこめて

しまうほど、自身の**「超自我」**[心において道徳的規範を持つ部分。いわゆる良心] が過度に発達していることを自覚する必要がある。小さなミスさえ重大な過ちのごとく感じてしまうのは、そうした超自我のせいなのだ。自ら人を遠ざけてしまうのも、強い怒りを内在する自分は「悪い子」であり、周囲にこのことが知れたら、そのうち周りから捨てられるのではないかという不安が大きいからである。しかし、それらの事実を自覚することができれば、自分が「悪い子」ではないことにも気づけるし、超自我に柔軟性ができて罪悪感が減り、他者とも深い関係を結べるようになる。

　もちろん、そこに至る道は厳しいものだ。それが簡単にできるなら、精神分析的心理療法に何年もかかるはずがない。とはいえ、愛する人が苦しみの中で何度も同じ過ちをくり返していたら、あなたはどうするだろう？　きっと強く抱き締めて、もうすべては終わったことだと教えてあげるに違いない。だからあなたの中にいる傷ついた子どもにも、同じようにしてあげなければならないのだ。

　あなたはもう非力な子どもではない。どんな問題にも十分な対応ができて、幸せを生み出すことができる大人だ。だからもう、あなたの今を過去に支配させてはいけない。今を覆う重たい過去という布団を取り払い、外に出てきれいな空気を吸いながら空を見上げよう。**つらい過去があるからといって、いつま**

でもつらい日々を送る必要はない。つらい過去を乗り越えたというだけでも、あなたには幸せになる権利がある。

　あなたは幸せになれるはずだ。過去の悲しみを自覚して、悲しみを克服した自分を誇らしく思うことができれば。自分には幸せになる資格があると信じることができれば。新たな生き方への挑戦を恐れなければ……。

あなたが駆使する
防衛機制には問題が
あるかもしれない

不安

現実逃避

「自分は怒っている人間の顔に、獅子よりも鰐よりも竜よりも、もっとおそろしい動物の本性を見るのです。（中略）この本性もまた人間の生きて行く資格の一つなのかも知れないと思えば、ほとんど自分に絶望を感じるのでした。人間に対して、いつも恐怖に震いおののき、また、人間としての自分の言動に、みじんも自信を持てず、そうして自分ひとりの懊悩は胸の中の小箱に秘め、その憂鬱、ナアヴァスネスを、ひたかくしに隠して、ひたすら無邪気の楽天性を装い、自分はお道化たお変人として、次第に完成されて行きました」

　太宰治の小説『人間失格』(新潮社) で主人公、葉蔵は偽りの仮面をかぶって互いに欺き合いながら生きる矛盾だらけの人間たちを理解することができない純粋な魂の持ち主だ。

　言い争いも自己弁解もできない葉蔵は、憤る人に対してどう接すればよいのかわからず、恐怖で凍りついてしまう。そして、そんな自分を隠すべく道化になって一生懸命周りの機嫌を取り、人々を笑わせようと努める。

「何でもいいから、笑わせておればいいのだ（中略）とにかく、彼等人間たちの目障りになってはいけない、自分は無だ、風だ、空<ruby>空<rt>そら</rt></ruby>だ」

　だが、そうした努力もむなしく世間になじめぬまま他人に利用されるばかりの葉蔵。彼はついに酒と煙草と売春婦に溺れて、脳病院に入院することになる。夢と健康、さらにはあらゆる意欲まで失った葉蔵は、27歳にして白髪が混じりの廃人になり、人間失格になってしまった。

1
未熟で危険な防衛機制

　心に宿る危険な欲望が外に飛び出してしまいそうな時、人は不安を抱くものだ。それが表に出てしまったら、恥をかいたり、人から避けられたり、愛する人を壊してしまうほどの恐ろしい事態に至る可能性があるからだ。そうした不安を私たちは「予期不安」と呼ぶ。

　予期不安は一種の警報だ。そんなことをしたら大変なことになるぞという心の声である。幸い私たちの心には検閲機関があるため、危険な欲望が飛び出そうになると検閲が行われる。その結果、最初に湧いた欲望のうち検閲を通過できる状態に変形したものだけが外に出てくることになる。

　ここで使われるのが防衛機制だ。**自我に危険が及んだ時、本能的に自分をだましたり、事態に異なる解釈を加えたりすることで、心の傷から自分自身を守るのである。**防衛機制は無意識的に働いて、日常生活における行動や態度に影響を与える。

　人は誰しも防衛機制を用いるものだ。危険な内的衝動を抑え変形させる過程が存在しなければ、自分と相手の両方を危険にさらしかねないからである。『人間失格』の葉蔵も、自分と相手の中にある攻撃性や貪欲さを恐れて、それを抑えるべくさまざまな防衛機制を用いている。問題は彼が使う防衛機制が未熟なせいで、自滅的な結果を招いているということだ。

　葉蔵が主に使う防衛機制は「**投影**」だ。彼は自分が他の人たちと同じように破壊的な攻撃性を持っていることを受け入れられない。そこで危険な欲望を相手に転嫁し、相手に罪をなすりつける。それにより彼自身は危険な要素などみじんもない純な存在になるのだ。ところが葉蔵は、その投影さえも完璧には成功させられない。彼の内にある破壊的な衝動が、絶えず彼を震え上がらせ苦しめているからだ。そんな彼が次に使うのは「**投影性同一視**」である。投影性同一視は、自分の中にある危険な属性を他者に投影したうえで、相手の属性と自分の衝動をすり合わせようとすることだ。

　例えば葉蔵は自ら女性をそそのかしておきながら、いざ事に

及ぶ際には女性に迫られ、しかたなく応じたことにしてしまう。無意識のうちに女性を悪役に仕立て、自分は善良な犠牲者を気取るのだ。

　しかし、どんなに努力したところで危険な衝動を完全に消し去ることは不可能だ。そこで葉蔵は、なおも残る衝動を抑えるため「戯画化」という次の段階の防衛機制を用いる。戯画化とは、対象を漫画のように滑稽なキャラクターにすることによって恐怖を回避する試みだ。ここで葉蔵が戯画化したのは葉蔵自身だった。彼は道化を演じて人々を笑わせることで、自らを攻撃性や危険性のない存在にしようとしたのである。

　だがこうした防衛機制はどれも葉蔵を、ならず者の社会不適合者にするものだ。葉蔵は成人したあとで、この厳しく危険な世界では自分にできることなどほとんどないのだと気がついた。そして今度は「逃避」と「退行」という防衛機制を用いた。

　逃避とは、危険な物事から距離を置き、安全を確保する行為のことだ。葉蔵は社会の構成員としての役割から逃避している。彼は社会に飛びこむのではなく、部屋に籠もって社会を嘲笑し、軽蔑することを選んだ。いうなれば社会から逃避したのだ。しかし、そういうことをしていたら、無気力な敗北者に成り下がった自分への劣等感が残るだけである。

　彼はその劣等感を抑えるべく幼少期に退行した。退行とは、大きな挫折に直面したあとで未熟な過去へと逆戻りすることだ。

例えば弟や妹が生まれたことで、それまできちんとトイレに行けていた子がお漏らしするようになることなどがこれに当たる。葉蔵は口唇期に退行し、酒と煙草に溺れた。母のお乳を吸うように煙草をくわえ、酒に酔って気を張ることもなくぼんやりとした感覚に浸りながら、母の懐に抱かれていた頃のような感覚のまま毎日を生きた。

　葉蔵は自分を理解し受け入れてくれない冷たくて残忍な世間に憤った。とはいえ、そうした憤りの噴出に反応した他者からやりこめられたら大変だ。そこで彼は**「攻撃性の自己への向き換え」**という防衛機制を使って、その憤りを自分自身にぶつけた。湧き上がる攻撃性を自分自身に向けて自らを破壊したのだ。酒と薬物で心身を破壊したあげく自分自身の存在を消そうと自殺未遂を起こしたことなどがそれに当たる。

　とにかく、葉蔵が使う防衛機制はあまり効果的ではない。彼は投影や投影性同一視、戯画化、逃避と退行、攻撃性の自己への向き換えといった未熟な防衛機制ばかりに固執しているからだ。その結果として、彼は人間失格になった。

2

幼少期の未熟な
防衛機制は捨てよ

　防衛機制を使わないということは、抑える必要がないか、抑える力がないということだ。だが人は誰しも、死ぬまで欲望と衝動から自由になれないものである。したがって生きている人間は皆、防衛機制を用いている。

　私たちが使う防衛機制は、未熟で破壊的なものから成熟した建設的なものまで多種多様だ。子どもの頃は性格構造や自我が未完成なため、使える防衛機制も未熟なものに限られるが、性格が構築され自我が確立してくると、より成熟した防衛機制も駆使できるようになる。

　未熟な防衛機制の代表例としては「**抑圧**」が挙げられる。抑圧は不安を抑えるべく使われる根源的な防衛機制で、記憶していたくないつらい記憶や、飛び出しそうになる危険な欲望などを心の奥底に押しこむことだ。人は、そうすることによって社会的に許されない危険な衝動から自分の身を守ろうとする。例えば両親からの虐待に対する怒りを抑えて、両親に関する話題を本能的に避けることなどがこれに当たる。だが抑圧された欲望は、外から強力なエネルギーを加えられているため、心の中で煮え返り絶えず外へ出ようとする。そこで、それを阻止する

ために別の防衛機制が動員される。

　前述したもののほかにも、未熟な防衛機制には否認、隔離、打ち消し、反動形成などがある。**「否認」**は到底受け入れられない思考や欲求、衝動などを無意識のうちに否定して目をそらすことだ。例えば恋人が交通事故で亡くなったにもかかわらず、その死を否定し旅行へ出かけたと主張する行為がこれに当たる。**「打ち消し」**は、自分の敵対的欲求や攻撃性が相手に被害を与えてしまったと考えた時に、加害を打ち消し原状回復させようとすることだ。例えば許されない相手に性的衝動を抱いた事実をぬぐい去ろうと、何度も手を洗うなどの強迫行動を見せることがこれに当たる。**「反動形成」**は、本音とは真逆の行動に出ることを指す。権威的人物に強い敵対心を抱いている者が、かえってそういう相手を丁重に扱い、敬うことがこれに当たる。

　世の中にはほかにもたくさんの防衛機制が存在する。その中には当然、成功するものもあれば失敗するものもある。そうは言っても、未熟な防衛機制は特に失敗率が高まるものだ。大の大人がいつまでも幼少期の未熟な防衛機制ばかり使うなんて現実的ではないし、そもそも子どもとは異なる大人の欲求を抑えようと思ったら未熟な防衛機制では力不足だからだ。大人なら幼少期の未熟な防衛機制を捨て、成熟した防衛機制を身につけなければならない。

3
あなたはどんな防衛機制を
使っているのだろう？

　では、成熟した防衛機制にはどんなものがあるのだろう？もし『人間失格』の葉蔵が尊敬する兄を目標に努力していたら、きっと彼はより良い行動規範を兄から学ぶことができたはずだ。私たちはそういう手法を「同一視」という。また、葉蔵が破壊的な欲求を絵や文章にして吐き出せていたら、すなわち「昇華」できていたら、押し寄せる恐怖からある程度は解放されたに違いない。芸術家が自身の危険な性的欲求を社会的に受け入れ可能な芸術に昇華させるのと同じ原理だ。他にも成熟した防衛機制には、「ユーモア」や「愛他主義」などがある。

　もしあなたが恐怖と不安の解消に莫大なエネルギーを注ぎながら、求める平安を手に入れられていないのなら、ここで一度じっくり考えてみるといい。未熟な防衛機制を使い続けてはいないか、成人してもなお幼少期に抱いた恐怖に囚われ不安に駆られ続けていないかと……。自分の中にある衝動を恐れず、現在使われている防衛機制が何なのかを確認して、ほんの少し別の角度から働きかけられるようになれば、あなたも念願だった心の平和を手に入れられるはずだ。

Chapter

4

人間関係に
振り回されない
「揺るぎない大人」
になるために

一目惚れによる運命的な
恋が危険な理由

　一目で心惹かれる。胸が躍る。

　そんな強烈な感覚は最もたしかな恋の証しであり、まぎれもない恋の第一条件だ。ある日突然図書館で、出勤途中の地下鉄で、旅先の列車の中で、ひいては道端で出くわした人が、運命に引き寄せられるがごとく自分の元へ歩いてきたとしよう。それを恋と呼ばずして何を恋と呼ぶのだろう？　スアさんの場合もそうだった。

　34歳の彼女は、結婚を目前に控えていた。職業はファッションデザイナーで一度引き受けた仕事は、とことん突き詰めるタイプだ。彼女の誠実さとセンスの良さはピカイチで、彼女の元には当然のごとく次々と仕事が舞いこむようになった。おかげで恋愛は夢のまた夢。そんなある日、同じ会社に勤める男性と親しくなって、ゆっくりと愛を育み結婚の約束をするに至った。

　ところが結婚式が近づくと、なぜだか不安になってきた。他の人みたいに恋に溺れ、燃えるような感情に突き動かされたことがなかった彼女は、これは本当に愛なのかと疑問を抱いた。

すでに結婚が決まっていながら愛を疑う自分を情けなく思えば思うほど、不安は募っていくばかりだ。

　そんなある日、マリッジブルーの彼女を元気づけようと友達がサークルの集まりに誘ってくれた。彼女は気乗りしなかったが、友達の気持ちをくんで渋々参加した。不意に端っこの席で静かに酒を飲む、どこか寂しげな1人の男が目に映った。生まれて初めての感覚だった。彼以外の人の声は一切耳に届かなくなり、彼のわずかな動きや、かすかな笑みにも胸が高鳴った。一目惚れとはどういうものなのか、彼女は初めてそれを知った。気づいた時には自分から声をかけていた。以前なら、とても考えられないことだ。彼女は内気で恥ずかしがり屋だったから。

　とにかく彼とはそんなふうに出会い、情熱的な恋に落ちた。そして彼女は周囲の反対を押し切って婚約を破棄し、その男と結婚した。

　ところが、その選択が不幸の始まりだった。気が小さくて軟弱な夫は、自分の弱さにとてつもないコンプレックスを持っていた。それが原因で転職をくり返し、仕事を辞めた日には決まって黙りこんだまま悲しげに酒をあおった。その姿に惚れて彼を選んだのに、いつからかその姿を見るのが苦痛になった。

　彼女はそれを、婚約者を捨てた罰だと言った。だが私は直感的に、この問題を解くには夫に出会う前にさかのぼる必要があると感じた。しばらくして、彼女が夫の姿に自分の父親を投影

していることがわかった。

　彼女の父は外航船員だった。養うべき子どもを何人も抱えていた彼が苦肉の策として選んだ仕事だ。ところが小心者で軟弱な父にとって、その仕事は苦痛そのものだった。そのため、激しい荒波と同僚たちにもまれる日々を過ごして久しぶりに帰宅した日には、必ず酒をあおった。彼女のほうは常に父を求めながら、いざ父の前ではそういうことを何一つ言えず、ただ酒を飲む寂しげな父の後ろ姿を、ぼんやりと見つめるだけだった。

　彼女の問題は、父に注いでもらえなかった愛情を夫から得ようとするところにあった。彼女は夫を見た瞬間、幼い頃に父から愛情を得られず深く傷ついた自分を労わりたい衝動に駆られた。要するに、過去を再現することで傷を癒やしたいという彼女の無意識が、夫に一目惚れをするという結果を生んだのだ。

　ところが彼女は自分に寂しい思いをさせた父への憎しみを、父とは無関係の夫に何度もぶつけてしまった。夫はそのたびに、ひどく責め立ててくる彼女を恨んだ。そんなふうにけんかをしていては、傷が深まるばかりだ。私は今も彼女がつぶやいた言葉を覚えている。

「一目惚れからの恋愛を経験してみたかったんです。誰だってそういう運命的な恋を夢みるものでしょう？　運命に突き動かされれば幸せになれると思ってました。それなのに、どうして私は幸せになれないんですかね？」

　恋愛をしている人たちの中には、これまでの恋は本物の恋ではなく、ただ恋だと思いこんでいただけだと言う人がいる。彼らは現在の気持ちや相手との関係性を、過去のそれとはかけ離れた、まったく新しいものだと感じているのだ。しかしそうした主張とは裏腹に、彼らの恋愛は思いのほか、過去と深く結びついているものである。

　精神分析家のフロイトは、成人が築く人間関係のすべては再編集された経験済みの関係であり、生後間もない頃に母と築いた連帯感や、成長過程で父に抱いた感情を愛情の引力としてそのまま再現したものであるといったことを述べている。フロイトいわく、**すべての愛は再発見なのだ。**

　そういう意味でいうと、恋は無意識の運命といえるだろう。特に一目惚れの場合、その対象はずっと前から心に描いていた恋人像に近い人物であり、自分の内的状態と密接に関係している。なかでも**特に多いのが親に似たタイプを求めるケース**だ。親に抱くのと同じような感情を呼び覚ます相手や、自分にとって理想的な父母像に近い相手に引かれるのである。

　他にも、**「救ってあげたい自分」に似ている人**や、反対に自分の傷を癒やしてくれる存在を選ぶケースもある。

　例を挙げるなら、小さい頃から怖がりで大人になってからも強迫性障害的な性質を持つ男性が、常に誰かと一緒でなければ

いられない子どものような女性と結婚するケースだ。これは本人が持つ抑圧された恐怖や不安をなだめ癒やしてあげたいという無意識の欲求に起因するものである。比較的小さな傷の場合は、こうしたプロセスが幼少期の傷を回復するチャンスになることもあるが、その傷が大きい場合は、前述したスアさんのように失敗に終わることもある。そういうわけで、一目惚れを運命と捉え身を委ねることは、なかなかリスキーなことなのだ。

　いつだったか、授業中に生徒の一人が突然手を挙げてこんな質問をしてきた。
「教授、それって精神分析で無意識の世界を掘り下げれば、理想の恋人に出会えるってことですか？　無意識をコントロールすれば、望ましくない相手を避けることができますよね？」
　その生徒が言うように、無意識をコントロールできれば望ましくない相手との恋に深く傷つくことを避けられるはずだ。しかし無意識の世界はとても巨大で、本人も気づかぬうちに首をもたげてくるものである。それゆえ精神分析学の先駆者フロイトも、私たちにできるのは巨大な無意識の世界を多少なりとも意識で満たすことだけだ、という主旨のことを言っている。
　そういうわけだから、無意識をコントロールして純度の高い最高の恋愛をしようなんて考えないことだ。**人間である以上、たとえ傷つくだけの恋であっても、私たちにはそれを避ける術**

はない。私たちにできるのは、過去の経験をうまく利用して恋愛力を育て上げ、それによってリスキーな恋に落ちるという最悪の事態を防ぐことだけだ。

さらにいうなら恋愛は、自転車のように一度習得すればいつでもできるようになる類のものではない。恋とは、全く異なる2人が出会い、共に育んでいくものだ。自分1人の感情だって思いどおりにならないのに、2人の感情がぶつかり合う恋愛となれば言わずもがなである。そう考えれば、恋をするということは生涯をかけて人の愛し方を学んでいくことなのかもしれない。

しかし、人というのは単純に誰かを好きになるという感情自体を楽しもうとするだけで、人の愛し方についてまで学ぼうとはしない。だからふとした瞬間に恋愛の罠に落ちてもがいたり、かつての恋人と似たようなタイプとつき合って同じ失敗をくり返したりするのだ。

大切な愛を守るには愛についてきちんと学び、自分自身と相手について深く知ろうという努力が必要だ。そういう意味でいうならば、「運命の相手」とはどこからか現れて出会った瞬間に意気投合する相手ではなく、ゆっくりと自分で育てていくものなのかもしれない。

好きな仕事でも
飽きることはある

仕事の倦怠感
ストレス

　精神治療により快方に向かっていた患者の症状が再び悪化してしまった時や、自分なりにベストを尽くしているのに良い結果が出なかった時、それでもめげずに治療を続ければ、いつかは報われる日が来るだろうと私は信じた。そうして実際に続けてみると、不思議とたしかに行き詰まっていた問題が解決し、患者の症状が好転する瞬間が訪れた。もちろん、そこで得られる喜びは筆舌に尽くしがたいものだ。

　だから最近の若者たちがよく口にする、「自分でも何をしたいのかわからない」という悩みを聞くと、私はどうにも違和感を覚えてしまう。彼らは自分がやりたい仕事なら、嫌になることも飽きることもなく、常に楽しくこなせるものと信じているのだ。そのためどんな仕事でも、飽きたり嫌になったりすると、「自分がやりたい仕事」ではなくなってしまう。

　しかし、どんなことだって飽きることはあるものだ。なぜなら私たちの心は慣れるとその対象への興味を失って、その大切ささえ忘れてしまうものだから。愛する人への情熱でさえ時と

ともに冷めるのだから、仕事となればなおさらである。

　それでも「本当に望んで就いた仕事なら常に楽しいに違いない」という幻想を持つ人たちは、仕事に飽きると大きな不安を抱いてしまう。この仕事も違うのかも、自分が本当にしたい仕事は何だろう、好きな仕事が永遠に見つからなかったらどうしよう……。そんな焦りからわかりやすい結果を求めてしまうため、ますます状況が悪化する。結果や答えが出るまでに時間がかかるような場合、彼らは待ちきれず途中で挫折してしまうのだ。

　ここで1つ肝に銘じておくべきことは、それが「仕事」であるという点だ。どんなに勉強が得意な人でも、それを簡単で楽しいものとばかりは言わないように、仕事だって基本的にはつらく苦しいものである。いくら望んだ仕事でも、遊園地のごとく楽しくて心躍ることばかりではない。だから、**自分の好きな仕事なら常に楽しくこなせるはずという幻想は捨てるべきだ。**喜びとやりがいは、つらく辟易（へきえき）する時間に耐えて初めて得られるものなのだから。

　とはいえ、どうしても気乗りしない仕事というのもある。そういう仕事をしている時は、どんなに気合いを入れてみても、どういうわけかはかどらず、いつまでたっても進まない。時間の経過とともにたまるのは、イライラと不満とストレスだけだ。そんな時、どうせ避けられないものなら楽しめと言ってくる人

もいるが、私はその言葉に賛成しない。嫌な仕事をどうやって楽しめばいいのだ。そんなの嫌いな人を好きになれというのと同じである。嫌な仕事を楽しもうとすること自体がストレスになりかねない。

　私にもそういう仕事はある。しかし私の場合は、嫌な仕事ほど早々に片づけるようにしている。ためこんで後回しにすると、ますますそれが気になって余計なストレスがたまるという経験を何度もしてきたからだ。だから私は自分試しをする気持ちで、その仕事をできるだけ短時間で片づける努力をする。そうやって**嫌なことを短時間で仕上げると、一種の快感と勝ち抜いた喜びに加え、達成感が湧いてくるものだ。**心理学において「**勝者効果**」と呼ばれるこの理論は、勝利によって支配的な行動を誘発するテストステロンというホルモンが活発に分泌され、ポジティブなエネルギーの好循環が起こることを指している。

　どんなことでも勝利を収めれば、新たな視野が開けるものだ。自分なんかにできるはずがないという敗北主義から抜け出して、こうすればできるというポジティブマインドに切り替わるのである。だから、**規模の大小にかかわらず「勝ち取る」という経験を得ることは非常に重要だ。**日頃から何をしてもうまくいかないと諦めている人ほど、その効果は絶大である。ゆえに気乗りしない仕事に出合った時は、最短時間で終わらせてやると

いう気概を持って取り組むことだ。それをやり遂げた暁には「己に勝った」という満足感が得られるし、そういう経験を重ねれば、「何でもできる」という自信もつく。

　それでも自分が何をしたいかわからないのなら、そして手遅れになる前にそれを見つけたいのなら、今すぐ立ち上がって、いろいろなことに挑戦してみるといい。とにかく実践あるのみだ。ちなみに挑戦する時は1つや2つではなく、あらゆる方向に手を伸ばすといいだろう。そうすれば、きっと1つくらい興味を引かれるものに出合えるだろうし、気づきを得ることもできるはずだ。真にやりたい仕事であれば、飽きたり嫌になったり、つらくなったりしても、簡単には諦めず、どうにか自力で乗り越える策を探すものだと。

　もし、それでもやりたい仕事が見つからない時は、あなたが最も得意とすることを仕事にするのも1つの方法だ。得意なことなら他人より成果を出す確率が高まるし、そうなればあなたと一緒に働きたいという人も増え、より大きな成功を収める確率も上がる。世の中には、そういう理論をベースにして**「やりたい仕事で成功する人」**と同じくらい**「得意な仕事で成功する人」も多いものだ。やりたい仕事に就けないことを、腐った世の中に屈することだとか、主体的な人生を失うことだなんて思う必要はまったくない。**加えて、どんなに好きな仕事でも、飽

きることがあるということだけは覚えておいてほしい。好きな仕事に飽きた時も、つらいといって簡単に投げ出さず、何かしらの努力をしてくれるようにと願う。

親密さを装った
暴力に気をつけて

　どんなに過酷な状況でも、自分を見捨てず温かく包みこんでくれる人がいたら、この上なく幸せなはずだ。心理学者ブルーノ・ベッテルハイムは、ナチの強制収容所で自分の支えになったのは「誰かが心の奥深いところで私の運命を心配してくれているという確信」だったと述べた。そういう意味では、人が結婚するのも自分の運命を本気で心配してくれる人を作るためなのかもしれない。

　デューク大学メディカルセンターの研究によれば、危険な手術を受ける際、配偶者がいたり親しい友人がたくさんいたりする人のほうが、そうではない人に比べて生存率が格段に高いという。親密な関係には、それだけ大きな「人を生かす力」があるということだ。

　精神分析学的に見ると、周囲と深い関係を築く能力は、初期成人期に習得すべき発達課題といえる。

　とはいえ、この世にあるのは自分にとって望ましく好ましい関係だけではない。時には価値観やライフスタイルが合わない

苦手な相手とも円満な関係を築く必要がある。例えば職場の同僚や、仕事関係で顔を合わせなければならない人たちや、新しく引っ越してきたお隣さん、配偶者の家族などだ。

　その際、関係構築の面で特に問題を抱えていない人は、通常30歳も超えれば嫌な状況や苦手な人にも耐え、相手を尊重する力や余裕を持っているものだ。現実を踏まえて相手の長所と短所を受け入れる度量があるため、不満があっても関係を維持できるのである。

　だが年齢を重ねたからといって、誰もが度量を広げられるわけではない。年を取れば取るほど、自分から見て好感があり一目を置ける相手としかつき合わなくなる人もいる。そんなふうに偏った関係ばかり構築している人は、往々にして自信が不足しているものだ。彼らは受け入れがたい相手と円満な関係を結ぶことを「屈服」と捉えてしまうのである。そのため自分のスタイルを押しとおし、それを受け入れない相手を拒もうとする。

　このように心を開くことを過度に恐れている人は、自らを孤立させ閉鎖的な生活を送るようになる。あるいは、はなから親密な関係を否定して、周囲の人たちとうわべだけでつき合うようになる。なぜなら実際には自分のアイデンティティを失わなくても相手と持続的に心を通わせ親密感を得ることはできるのに、それを実現させる自信がないからだ。

1

拒絶されるより
親しくなることのほうが怖い時もある

　精神分析的心理療法をしていると、ついに患者が心を開いてくれたと感じる瞬間がある。だが時に、それと同じタイミングで突如として私に腹を立ててくる患者もいる。人によっては、わざとカウンセリングをすっぽかしたり、遅刻したりしてくることもある。そういう人たちをよくよく観察すると、関係を深めることへの恐怖心を抱いているものだ。

　特に自我の境界が弱い人は、相手に境界を崩され、自分の中に踏みこんでこられることに恐怖を覚える。近づくことで異なる2人が重なり合い、自分が消失したり相手の支配下に置かれたりしそうで怖いのだ。反対に、自らを悪質で醜く汚い存在と認識している人は、相手がそういう自分に失望し、離れていってしまうかもしれないという思いから、関係を深めることを恐れてしまう。

　そういうわけで彼らは、ある程度親しくなるとそれ以上の接近を敬遠する。決められた境界を越えて近づこうとする人を警戒し、人前では常に気を張って保守的な態度を取るのだ。友達が多い場合も、みんな表面的な関係でしかなく、心の内をありのままに見せられる相手はほとんどいない。

2

親しいという理由で
あなたのやり方を押しつけないこと

　韓国人は親しいという理由だけで、無意識のうちに横暴な態度を取りがちだ。親しくなったと思った相手とは互いに秘密を持ってはいけないと考え、相手の家の食器の数まで把握しないと気が済まないのである。そのため未婚者には結婚しない理由を尋ね、子どもがいない相手には産まない理由を問い詰め、求められてもいない余計なお節介まで焼こうとする。

　もしそこで相手が返答を避けたり嫌そうな顔をしたりすれば、気難しい人だと言ってへそを曲げる。自分の厚意を無碍にした相手に、裏切られたような気分になるからだ。また相手が自分に対して秘密を持っていたり、自分をうっとうしがるそぶりを見せたりしようものなら、突き放されたと思って憤慨する。しかしそれらの行為は、親密さを装った明白な暴力だ。相手を自分の支配下に置くための暴力であり、相手の自律性を踏みにじる暴力である。

　心の距離を縮めて親しくなるということは、異なる人間が1つに集約されることではない。相手が自分とは異なる人間であることを認めて、相手の感情や思考、ライフスタイルに至るまで、すべてを尊重していくことだ。

　要するに、自分が尊重されたいと思う分だけ相手を尊重しなければならないのである。関係を深めるということは、心を通わせるということだ。それぞれ異なる2人の人間が、お互いを受け入れ、大事に支え合う中で深いコミュニケーションを取れるようにしていくことである。だから親しいという理由で自分のやり方を押しつけてはならない。

3
仲を深めたいのなら、
まずは傷つく覚悟をせよ

　ダン・マカダム博士は、「親密さに対する欲求は、自分の最も内側にある自己を他の人と共有したいという欲求」(『ダライ・ラマ こころの育て方』ダライ・ラマ14世、ハワード・C.カトラー著、今井幹晴訳、求龍堂)と述べた。要するに心の距離を縮めるということは相手に心を開くことなのだ。その際、私たちは友人や家族、恋人ならば自分の気持ちをすべてわかってくれるに違いないと考えがちだ。最も近しい関係ゆえに、自分のことをよくわかっているのだから、あえて口にしなくてもこちらの要望を察してくれると期待してしまうのである。しかし、そんな期待は幻想にすぎない。教えられてもいないことを、わかるはずがないではないか。だから**無駄な期待をして、勝手に失望し相手を恨むという**

行為をくり返すのはやめて、素直に望みを伝える勇気を持つことが必要だ。

　なお、その際には事前に傷つく覚悟をしておいたほうがいい。相手が自分の欠点までありのままに受け入れてくれればそれに越したことはないが、なかなかそういうわけにはいかないからだ。時には考え方や価値観の違いが、時には求めるものの違いがあまりに大きくて、お互いに失望し、憤り傷ついてしまうこともある。そうやって、まるでヤマアラシのように互いに近づいては傷つく経験を何度かすると、それ以上傷つくことを恐れて関係改善のための努力をやめてしまうものだ。しかし傷つくことを覚悟しなければ、誰とも親しくなれないし、私たちが切望する愛し愛される関係も作り得ない。ゆえに**関係を深めたい相手がいるのなら、たとえ傷つくことになったとしても自ら心を開く必要がある。**

4
距離が縮まったと思った瞬間は、
ゴールではなくスタートだ

　植物はきちんと手入れや水やりをすれば青々とした葉をつけ美しい花を咲かせるが、世話をせずに放置すればしおれて枯れてしまう。人間関係も同じだ。いくら互いに好感を抱いている

者同士でも、その関係は完成形ではない。心の距離が近づくと
気も緩みやすくなるものだ。他の人には言わないようなことを
ズケズケと口にして、相手を深く傷つけてしまうこともある。
相手への好感が憎しみや恨みに変わるのは一瞬だ。そのせいだ
ろうか、30年余りにわたる精神分析医生活の中で私が出会っ
てきた数万人もの患者たちを、通院が必要なまでに傷つけた人
たちは皆、驚くべきことに彼らの身近な人たちだった。

　ゆえに距離が縮まったと思った瞬間がゴールではなくスター
トであることは、強く肝に銘じることだ。**人間関係でも植物を
育てるように絶えず水やりと手入れをしなければならない。**近
しくて大事な人だからこそ、マナーと約束をきちんと守って、
普通以上に気を遣い、特に大切にしながら尊重するのである。
あなたには、そうやって今までもこれからも守りたいと思える
大切な人はいるだろうか。咸錫憲[韓国の思想家・独立運動家]の詩のように「世
の中のすべての人から見捨てられ心が孤独な時も、心が通じて
いると信じられる人」、「乗っていた船が沈みそうな時、救命胴
衣を互いに譲り合い『君だけはどうか生き残ってくれ』と言っ
てやりたくなる人」が。

助けを求められない
人たちの共通点

孤立
自尊感情の低さ

　ジアンさんは、これまで一度も友達に助けを求めたことがないと言った。そして、なぜ1人で決めることに固執するのかと尋ねる私を、そんなの当然ではないかという顔で見つめ返してきた。

　彼女は大学進学を機に上京して一人暮らしを始めたため、食事や買い物はもちろん、あらゆることを1人で決める習慣がついているという。むしろ自分自身の問題であれば、自分で決めて当然ではないかと反論してくるほどだ。忙しい周りの人たちを自分のことで煩わせたくはないとのことだった。

　私は改めて彼女に尋ねた。

「友達から助けてほしいと言われたら、あなたは嫌な気持ちになりますか？」

「いいえ。私で役に立つのなら喜んで助けますよ。友達ですから」

「それなら、どうしてあなたからは助けを求めないんですか？」

　家族はもうずいぶん前から、各自がお金を稼ぐべく若くして

家を出るようになっているし、会社も私たちを守るどころか能力が足りなければ自ら出ていくよう促すようになっている。そのため現代を生きる個人は、自分たちで己の生きる道を模索する必要に迫られるようになった。絶望的な自生の時代の到来だ。人に迷惑をかけることを極度に嫌う現象は、そうした背景に由来している。

　以前は、危機に瀕したヒロインを華麗に登場した男性主人公が助ける場面で黄色い歓声が上がったものだ。しかし最近は、余計な言動で問題を起こしたヒロインが男性主人公に後始末させようものなら「迷惑ヒロイン」と呼ばれてこき下ろされてしまう。男性主人公に依存するヒロインは嫌われるのだ。反対に、どんな時でも自分の足で立ち、主体的にピンチを切り抜けるキャラクターは脚光を浴びる。こうした趣向の根底には、依存を忌み嫌う視点がある。

　人はなぜ依存を悪いものと捉え、独立的で自立した人を健全で望ましい存在と考えるのだろう？　それは「人に助けを求める」ことが、「自分の能力では問題解決できなかった」ことを意味するからだ。要するに、助けを求める前の段階で自分の能力不足を認めなければならないから恥ずかしいのである。人が助けを求める時に情けないと口にするのは、そうした背景があるからだ。さらに彼らは、やたらに弱みをさらせば、あとで相手に振り回されるのではないかと考えている。だから人を助ける

ことはしても、人から助けられたくないと思うのだ。

　しかし、リーダーと呼ばれる人たちを考えてみよう。彼らはすべてのことを自分1人で抱えこもうとしないだけでなく、人に任せることも恥ずかしいとは思わない。彼らにとって重要なのは、自分にはできない仕事を迅速に処理してくれる優れた人材を見つけることだ。彼らは誰かに助けを求めることを恥だとは考えない。むしろ相手に頼り、それに対して適切な報酬を払うことこそ自身の仕事と捉えているのだ。リーダーが何もかも自力でやろうとしたら、かえって失敗するのがオチである。世の中には、すべてを得意とする人なんて存在しないのだから。
　人間は生きるためにお互いを必要とするものだ。自分の身を立てるためにも、ある程度の依存性は不可避である。**要するに依存そのものが悪いわけではない。過度な依存性や、依存に対する恐怖心が問題になるだけなのだ。**

　依存することに強い恐怖心を抱く人たちがいる。彼らは、ひとたび誰かに依存したら相手に逆らうことができなくなり、翻弄されるがごとく自分自身を見失いそうな気がして依存自体を忌避(きひ)するのだ。そういう人たちは得てして自尊感情が低い。
　自尊感情とは、どんな状況でも自力で自分自身を守れるという確信からくる感情だ。ゆえにそれがあれば、どんな状況であっ

ても人生の主導権を握るのは自分であり、目の前の現状をけん引するのも自分であるということを忘れずにいられる。だから自尊感情が高い人は、苦しい時に他者に依存することを恐れない。自分自身に対して揺るぎない確信があるからだ。反対に自尊感情が低い人は、自分自身を失うかもしれないという恐怖心から、依存したくても相手に依存することができない。

　つまり**本当に独立的で強い人とは、他者に頼ることなくすべてを1人でやり遂げる人ではなく、むしろ自身の弱みを快くさらし、他者の助けが必要であることを認められる人だ。**

　ところが人に弱みを見せることを恐れる人たちは、決して自分から助けを求めることができない。それどころか人が心配して声をかけると、機嫌を損ねて自分でできると言い放ち、協力の申し出を突っぱねて自分1人で解決しようと努める。だが、こういう時に「独立」と「孤立」を混同してはいけない。独立は他人など必要ないと宣言することではない。人間関係を一切断ち切ることは「独立」ではなく、単なる「孤立」だ。

　独立とは周囲との関係を断ち切ることではなく、周囲との関係を保ちながら1人の人間として存在することである。もちろん、個人的な問題は自力で解決すべきだが、何から何まで1人で抱えこむというのは愚かなことでしかない。それこそ時間とエネルギーの無駄だ。努力しても解決策が見つからない時は、すぐさま周囲に助けを求めたほうがいい。それでこそ問題解決

にかかる時間を短縮し、ミスを事前に防げるからだ。そうやって周囲の助けを借りながら進めば、あなたが真に望む成功と発展にも今一歩近けるに違いない。

　メンターの元へ悩み相談に行くとしよう。「メンター」という呼び名は、人から能力を認められている証しだから、相手はきっと喜んで手を貸してくれるはずだ。何か新しいことを始める時も、その分野の先駆者たちにたくさん会っておくことが重要である。たとえ失敗するにしても、経験者たちから情報を集めたうえで決断を下せば、何も知らずにやるよりもはるかに賢い選択ができるものだ。面と向かって誰かに相談するのは気が重いというなら、関連書籍を読むのもいいだろう。各分野の専門家たちが蓄積してきたノウハウをたった数時間で習得できるのだから、どんなにありがたいことか。

　人は時に孤独を感じるが、実際には孤独ではない。ほんの少し視線をずらせば、あなたの手を握ってくれる人が必ずいるものだ。もちろん、ずっと１人で何でも解決してきた人にとって助けを求めることは簡単ではないだろう。しかしそんな時には、誰かから助けを求められた時に、あなたがどんな気分になったか思い出してみるといい。きっとあなたは「頼られる存在」になったことに喜びを覚えたはずだ。また「助けを求める」とい

うと大層なことに聞こえるだろうが、**人が求めているものは、温かい言葉や優しいまなざし、無言の抱擁といった、ほんの小さなことである可能性が高い。**そうしたささいなやりとりをとおして支え合って生きていくのが人生だ。だからもう独立と孤立を混同しないでほしい。誰かの肩を借りてしばらく休めばあなたは十分回復できる人なのだから、いつか誰かから求められた時も気持ちよく肩を貸してあげられる人になればいいのである。

傾聴こそ
最良の会話術だ

コミュニケーション不全

　40年余り前、ある先輩がアメリカでレジデント（研修医）生活をしていた時の話だ。担当患者の割り振りにおいて、白人レジデントには予後（症状の見通しや終末を予測すること）が良い患者が割り当てられたのに対し、先輩には韓国という名前も知らない国から来た東洋人の医師という理由で、予後が悪い患者ばかりが割り当てられた。先輩は、そのばかげた人種差別に怒ったが、そこでレジデント生活を送ることにした以上、ひとまずベストを尽くすしかなかった。

　半年後、全スタッフが集まって患者の治療経過を評価する場が設けられた。そこで伝えられた結果は驚くべきものだった。なんと経過が悪かったはずの先輩の患者が、最も好転していたのである。一同は、その事実が信じられなかった。流暢な英語を話せるわけでもなく、文化的な背景も異なる東洋人の医師に、なぜ効果的な精神治療ができたのか理解できなかったのだ。その時、アメリカ人の課長が机をたたいてこう言った。

「グッドリスニング（Good listening）！」

　先輩は英語が堪能ではなかったため、一言一句逃すまいと患

者の言葉を集中して聞き、わからない単語が出てくれば、その都度辞書で調べながら患者の言葉を正確に理解しようとした。そして、そんな東洋人医師の誠意に感動した患者たちは、一生懸命治療を受けた。要するに、傾聴の力が患者たちの症状を好転させたのだ。

　私にもレジデント時代に似たような経験がある。治療者として初めて患者を受け持った時、私は相手の話をよく聞いて、彼が抱える問題を理解しようと努めた。だが、いざ自分から患者に話しかけなければならないタイミングが来ると、何を話せばよいかわからずオロオロするばかりだ。そうやって新米ゆえの無力感や、ふがいなさにさいなまれていたある日、私は自分の指導係だった医師に素直にその気持ちを打ち明けた。
「患者さんにどんな話をすればいいかわからなくて。ただ黙って話を聞くだけで何もしてあげられない私より、もっと経験豊富で実力がある先生に診てもらったほうが患者さんも幸せだろうと思うんです……」
　すると先生は、ほほ笑みながらこう言った。
「『何もしてあげられてない』なんてことはないよ。キム先生は、患者さんの話を一生懸命聞いてあげてるじゃない。その患者さんも、キム先生ほど一生懸命聞いてくれる人には出会ったことがないんじゃないかな？　どんなに仲がいい友達だって、集中

してこっちの話だけを聞いてくれるなんてことはないでしょ？普通は、似たような悩みなり別の悩みなり、自分の話もしてくるものだよ。だからその患者さんは、キム先生が一方的な自分の話を黙って聞いて理解しようとしてくれるってだけで、すごく救われてると思うな」

先生の言うとおり、私の初めての患者は新米ドクターの治療にもかかわらず、すっかり回復した。もちろん私の努力だけでそうなったわけではないと思うけれど、私はそこで初めて**傾聴の力**を実感した。まさか、きちんと話を聞くだけで患者の心の傷が癒えるとは。

問題が複雑な時ほど、頭の中だけで考えるのではなく、誰かに話して解消したほうがいい。言葉にすることで問題点が整理され、建設的な結論を導けるようになるからだ。**精神分析学的な観点で見た場合、感情や思考を言葉で表現することは「言語表現」という二次的な行為によって無意識の中を漂うさまざまな欲求や葛藤を整理することを指す。**自分の話をじっくり聞いてもらえた時にそれだけで気持ちの整理がついて、心が穏やかになった気がするのはそのためだ。

しかし、いざ実践するとなると他者の話をきちんと聞くことは、そう簡単ではないとわかる。そもそも、どんなふうに聞くことが「きちんと聞く」ことなのだろう？　私たちは相手の話

に集中し、その話を心から理解することができるのだろうか？
これについて１つ面白い話がある。

　ある精神健康医学病院に意欲あふれる１人の若い医師が就職
した。彼は熱心に患者の話を聞き、彼らの問題を理解しようと
尽力した。それゆえ退勤時間を迎える頃になると、いつもすっ
かり満身創痍だ。ところが同じ病院に勤める定年間近の医師は、
就業時間を過ぎても常にピンピンしていた。若い医師は、やは
りベテランは違うと感心した。そんなある日、若い医師は年配
の医師に尋ねた。
「先生はどうして、そんなに元気でいられるんですか？」
　年配の医師は答えた。
「君は患者の言葉を１から10まで、すべて聞いてあげてる
の？」
　見方によっては精神健康医学科の医師をおとしめるただの笑
い話かもしれないが、傾聴について考えさせられる話である。

　まず注目すべきは「聞くこと (hearing)」と「耳を傾けること
(listening)」の差だ。年配の医師は患者の話をただ聞いているだ
けで、声は鼓膜をとおして脳に伝わっているものの、脳は意味
の把握以外の活動を一切行っていない。そのため彼が消耗する
エネルギーは、ごくわずかに留まっている。一方、若い医師は

患者の話をすべて聞き取り理解しようと努めている。彼はどんな瞬間も集中して患者の心理状況を把握し共感しなければならないため、自分自身の感情までコントロールする必要に迫られている。さらには自分が理解した内容を患者に確認するという複雑で能動的な作業まで求められるのだ。そんなふうに忙しく脳を働かせているのだからすぐにバテてしまうのも当然で、相手の話に共感し理解する能力も時間の経過とともに低下する。

　どんな人でも相手の話を100%聞き取ることはできない。そんなことをしていたら、脳はすぐに疲れ果てるはずだ。**傾聴とは話をすべて聞き取ることではなく、相手の話を注意深く聞くことだ。言い換えれば、相手が今話していることではなく、相手の話にこめられた感情を理解する作業である。**ゆえに傾聴するためには、まず以下のことを知っておかなければならない。

1
一呼吸置くこと

　講義のたびに実感するのだが、ちょっとした冗談を言うなどして息抜きの時間を挟んだほうが、生徒たちの理解がはるかに早まる。本を読んでいる時も途中で少し目を離し、ぼうっとする時間を作ると、その間に脳が本の内容や感覚を整理するものだ。人の話を聞く時も同じである。話の途中で相づちを打ち、

お互いに呼吸を整える時間を作らなくてはならない。そうして
こそ耳にした内容を頭の中にメモできるものだ。だから傾聴す
る際も、途中で一呼吸置く時間を意識的に作ったほうがよい。

2

話の途中で
批判しないこと

　人の話を聞いていると、思わず口を挟みたくなる瞬間がある
ものだ。特に自分とは異なる意見が出てきた時、黙って聞き続
けるのは容易ではない。それは違うと言いたくて、なぜ違うの
か説明したくて、ひいてはこう考えるべきだと指摘したくて、
もはや相手の話に集中できなくなる。しかし、そういう時こそ
自分の道徳的ものさしや価値基準を心の中にぐっと収め、相手
の話を黙って受け入れる努力をしなければならない。

　人を評価するのは簡単なことだ。とはいえ、その評価はあく
まで「自分」の基準でしかないわけだし、その「自分」というの
さえ完璧な人間ではない。だから**謙虚な気持ちを持って相手を
尊重する必要がある**。それに加えて、相手はすでに心の中に答
えを持っていて、今はその答えを自力で探している最中だとい
うことも覚えておかなければならない。

3

時 々 相 手 の 立 場 に
な っ て み る こ と

　自分だったらどうだろうと立場を変えて考えてみれば、話の内容だけではなく、その人の感情に対する理解も深まる。

　例えば妻が、近頃は顔を合わせる時間もないと夫に愚痴をこぼしたとしよう。ここで夫が「来週は早く帰れる」と答えたら、**表面上の問題は解決しても「会話が成立した」とは言いがたい。**妻は寂しさを訴えているのに、夫はそれを理解していないからだ。もしここで夫が「たしかに、ずっと忙しくて寂しい思いをさせてたよね。子どもたちのことで困ったことはない？」と言っていたら、妻はもっと喜んだはずだ。このように相手の立場になって言葉の奥に隠された感情を推し量ることが重要である。そうはいっても、相手の話や感情にすべて同意しろというのではない。ただそういう努力をするべきということだ。

　たとえ共感できない部分があっても、誠心誠意聞くことができれば、相手だってこちらの意見を真剣に理解すべく努めてくれるに違いない。**人は心に届いた誠意の分だけ、相手に心を開いて話を聞くものである。**

4
ボディーランゲージに
注目せよ

　カリフォルニア大学ロサンゼルス校の心理学部名誉教授アルバート・メラビアンはコミュニケーションに関して、会話の内容をとおして伝えられるのは全体の7%にすぎず、38%は語調や抑揚など聴覚情報によって、残りの55%は表情や身振り、姿勢など視覚的要素によって伝えられると述べた。つまり、**コミュニケーションの93%はボディーランゲージなど、内容以外の要素によって伝えられているのだ。**よって相手の言葉に隠された感情まできちんと理解するためには、話している内容を聞くだけでなく、相手の目を見つめてボディーランゲージに注目しなければならない。

5
正しく理解するためだけに
質問せよ

　相手を理解することは決して容易なことではない。昔から知っている相手でも、時々表れる見知らぬ面に驚くことは多々あるものだ。それでも私たちは相手について「すべて知ってい

る」と思いこむ。だから会話が必要なのだ。自分とは異なる相手を理解するために。**私たちは相手の話に耳を傾け、その人が人間や社会をどう見ているかを理解して、それらの情報からたくさんのことを学ぶ。**それこそが傾聴が必要になる理由であり、傾聴が持つ最も大きな力だ。

とはいえ人は往々にして相手の話を自分の観点で解釈するものだ。相手の真意をゆがめて解釈することも多い。**そうしたエラーを避けたければ、その都度「それって、こういう意味ですよね？」、「私の解釈で合ってますか？」という質問を挟むとよいだろう。**そうした努力をすることで相手の話を正確に理解できるようになる。

6

疲れきっている時は、
ご容赦願うこと

傾聴している間は、脳が活発に動いている。それゆえ多くのエネルギーを消耗する。だからもし**疲れ果て、傾聴するだけのエネルギーがない時は、最初から話を聞かないほうがいい。**聞く側が集中できずうわの空でいると、話す側は気落ちして傷つく可能性があるからだ。だから疲れている時は、事情を伝えて会話を先送りしたほうがいい。聞く側の精神状態が整っていて

こそ、話す側も心穏やかにいられるものだ。

7

聞くことを楽しむべし

　言葉というのは、それぞれ固有のリズムを持っているため、傾聴はある意味で音楽鑑賞にも似ている。相手の言葉のリズムに自分のリズムを合わせること。一緒にワルツを踊る気持ちで言葉を交わし、ステキな音楽を聞く気分で相手の話を楽しむのである。そうすれば相手が話したいことを、より一層理解できるようになるはずだ。

8

口を開くのは
決定的な瞬間に限ること

　精神分析において最も重要なのは「正確な解釈」だ。ここでいう「正確な解釈」には、タイミングも含まれる。精神分析によって導かれた解釈は、患者がどんな言葉も受け入れる準備ができた時、すなわち「決定的な瞬間」が訪れた時に伝える必要があるからだ。それは日常会話でも同じである。**口を開くべき決定的な瞬間は、相手の話を聞いていれば自然とわかるものだ。**相

手の話に綻びが生じた時や、相手が自分自身の言葉に混乱し始めた時、きちんと話を聞いてくれる聞き手に感謝している時など、話し手自身が自らしっかりと問題に目を向けるようになった時、初めて意見を出せばいいのである。なお、話をする際は相手を気遣うスキルが必要だ。頭ごなしに「それは違う (No, I don't think so.)」と言い放つのではなく、「あなたの話もわかるけど (Yes,but 〜)」というふうに枕詞をつけるのである。すると相手は不愉快だとか恥をかかされたとは思わずに、こちらの意見を尊重して理解しようと努めるようになるだろう。

　傾聴は私たちが思うよりも、はるかに大きな力を持っている。その力は本気度の高さに由来するものだ。本気で興味を持ち、本気で心配する気持ちは、聞くという行為をとおして相手にも伝わるものだ。だからこそ傾聴は、相手の心を動かし本音を引き出せるのである。聞き手は話し手をとおして学び、話し手は聞き手をとおして心を癒やす。要するに、傾聴こそが最良の会話術なのである。

雑な扱いを
させないためには

不当な扱い
....
気疲れ
....

　周りを見ると、責任感が強くて周囲への気遣いがあり、常に親切であろうと努めている人たちがいる。彼らの大半は人から頼まれると断れない性格だ。断ったらがっかりされる、今回だけは我慢するか、自分さえ我慢すればみんなが助かると考え、無理な要求も聞き入れてしまう。断ったら相手との関係がこじれそうで怖いからだ。このように**嫌でも平気なふり、つらくても大丈夫なふり、腹が立っても何でもないふりを一生懸命している人たちは、相手の気持ちばかりおもんぱかって、自分の心がすり減り爆発しそうなことには気づかない。**

　それどころか全く非がないところで、とりあえず謝ってしまうこともある。彼らは他者と対立することを極度に嫌うため、先に謝ることで摩擦を避けようとするのだ。自分の意見を主張するより、他人の意見に従うほうが安心だと自らを慰めながら。

　しかし謝罪に関しても、過ぎたるは及ばざるがごとしだ。謝罪の言葉を口にすれば、お互いに激高せずには済むかもしれない。それによって、その場は気持ちが楽になることもあるだろ

う。とはいえ単に気まずさを回避するためだけにする謝罪は、すこぶる愚かなものである。何も悪いことをしていないのに、どうして自らをおとしめようとするのか。相手のことを尊重しておきながら、自分自身をドブに突き落としているようなものだ。

　あなたを守れる人間は他の誰でもない、あなた自身だ。だから**何も非がないところで謝る行為は、自らを侮辱する行為にほかならない。**自分自身を雑に扱うなんて、あってはならないことである。人から不当な扱いを受けた場合も同じだ。じっと我慢していたら、相手はあなたを無碍に扱ってよいものと考え、次からはそのことに罪悪感さえ抱かなくなる可能性がある。だから不当な時は不当であると、しっかり主張することだ。それでこそ、相手もあなたに敬意を示すようになるのだから。

　仕事であろうとプライベートであろうと、我慢には限界がある。だから無理な要求をされた時は自分だけ損しているような気持ちになるし、相手が恐縮するどころか悪びれない態度を取ってくれば、こみ上げた怒りがいつまでもくすぶることになる。さらにそうしてたまった怒りは、本人も気づかぬうちに爆発するものだ。すると自分を押し殺してまで守ろうとした関係が、それによって一瞬のうちに崩れてしまう。

　だから私は結婚する娘に、無理に「いい嫁」になろうとしな

いよう伝えた。娘の性格なら努めて義実家に気を遣うはずだけれど、そうすればあちらの期待も普通以上に高まって、そのうち娘の首が締まるだろうと思ったからだ。その代わり娘には**「気の置けない嫁」になることが、本人にとっても義実家にとってもいいことだ**と伝えた。

　どんな関係においても、一方的に相手に合わせるのではなく、お互いに歩み寄ることが必要だ。それでこそ、どちらか一方だけが犠牲になるという悲劇を防げる。また、お互いにできないことや嫌なことを知っておけば、気張らない関係を築けるものだ。

　そういう意味で言うならば、長期的に良好な関係を持続するための力は「限りない親切と気遣い」ではなく、**「たしかな線引き」**によって生まれるのではないかと思う。線引きをするということは、双方の間に越えられない壁を作り接触を断つということではない。自分にできることの限度を提示し、そこまでは最大限に気遣うけれど、それ以上は無理だと伝えることだ。そうやってたしかな線引きをしておけば、相手の心を推し量って神経をすり減らしたり、能力以上の仕事まで抱えこんで苦しんだりしないで済む。

　このように線引きをすることは、あなたを雑に扱おうとする人たちから、あなた自身を守るために必ずすべきことだ。それ

を身勝手だと非難する人たちもいるが、線引きをすることは決して身勝手なことではない。身勝手とは、相手の不利益を考えず自分の利益を優先する態度のことだ。一方で限度を示すことは、自分の立場や能力ではここまでしかできないと相手に明示することである。**自分にはできないことや、自分には変えられない関係にすがることなく、自分の限度と自分自身を尊重してくれる大切な人たちに注力するということだ。**ゆえに相手から雑に扱われた時は、線を引いて自分の身を守ることが先決である。

そうはいっても、人というのは往々にして線引きすることを躊躇（ちゅうちょ）しがちだ。相手から嫌われたり関係が崩れたりしそうな気がして不安で線を引くことができないのである。自尊感情が低い人ほどその傾向が強い。もちろん、自分の気持ちを正直に明かせば一時的に周りの人を寂しい思いにさせることもあるだろう。しかし、あまり心配する必要はない。

ドイツの関係心理専門家ロルフ・セリンは、『ここまで、そしてそれ以上』(未邦訳) で自身の経験と自身が治療した数十万人の診療記録を基に、きっぱりと線引きした際には奇跡ともいえる変化が起きたことを明らかにした。きっぱりとした線引きをとおして関係は壊れるどころかむしろ強固になり、**感情を抑え**

こまずに本心を明らかにしたことで初めて本人の思考と趣向が尊重される関係へと発展したというのだ。だから線引きを恐れる必要はない。線を引くことでさらに発展する関係こそが、あなたが求める関係だろうから。

　ただし、線を引く際は柔軟ながらも毅然とした態度で臨まなければならない。とはいえ相手から雑に扱われたり、無理な要求をされたりすると、人はどうしても傷ついて感情が高ぶるものだ。そういう時はすぐさま反応するのではなく、**一旦すべてを停止させて高ぶった感情を鎮めることが先決だ。**そのあとで相手に自分の意見をきちんと伝えるのである。この時、曖昧な表現をしては相手が理解できない可能性がある。また、どんなに不快な扱いをされたとしても相手を非難せず、自分には何ができないのかということについてのみ話すように心がけるといい。それでこそ相手に自分の意思を尊重させられるというものだ。

中途半端な許しでは、どちらも身を滅ぼすだけだ

怒り
恨み
恐れ

　シェークスピアの四大悲劇のうち、最も悲劇的な結末で幕を下ろす『リア王』(安西徹雄訳、光文社)。劇中のリア王は自身が勘当した娘コーディリアに対し、こう訴える。

「堪忍してくだされ。今は忘れて、許してくだされ。わしは老いぼれ、しかも、愚かな」

「愚かな老いぼれ」であることが、許す理由になるだろうか？ もし一番仲のいい友達に恋人を奪われたら、身内にだまされ一夜にして破産したら、強盗に切りつけられて夫が死んだら、私たちは相手を許せるだろうか？　人は時として、とても安易に「許せ」という言葉を口にする。だが、誰かから受けた傷により日常生活まで荒れるほど苦しんでいる人にとって、許すという行為は決して簡単なことではない。

　ソヨンさんもそうだった。母から受けた暴力について話す時、彼女はいつもつらそうにしていた。彼女の母は病的なほど感情の起伏が激しく、たまにかわいがって抱きしめてくる時は、あまりに力が強くて息ができないほどだった。苦しさのあまり彼

女がもがけば、今度は突如としてバカにするなとわめき散らし、めちゃくちゃに殴打してくる。食事をきれいに平らげれば豚のようだとののしって、残せば失礼だと騒ぎたてた。

　それでも彼女が最も恐れていたのは体罰や暴言ではなかった。彼女は、母親が自分を捨てていなくなるかもしれないという恐怖で毎日震えていた。

　私は、そんな母親と長年同居しながら、彼女が死ぬことも気が触れることもなく、今まで耐えてきたこと自体に感服した。とはいえ傷が深い分だけ治療は難航した。彼女は実に長い間さまよい続けた。治療が始まってからも悪夢に苦しみ、母に対する怒りや哀れみ、渇望の狭間で身もだえた。しかし母への複雑な感情が1つずつほぐれてくると、彼女の顔にも少しずつ笑みが見られるようになった。彼女はその後、母との決別を宣言し、実家を離れて一人暮らしを始めた。彼女が母を許せるようになったのは、それからさらに時間が経ってからだ。

「今なら少し母を理解できる気がします。ある意味では母もかわいそうだなって。でももう二度と母のところには戻りません。母は変わりませんでしたから、きっとまた私を傷つけてくると思うんです。正直、もうそれに対抗する自信がありません。だけど、もう許そうと思って。そのほうが私も心穏やかになれると思うから。これからは母への恨みや恐怖で人生を棒に振らないようにします。これまではずっと母に囚われて、自分や社会

に目を向けられていなかったけど」

　言ってしまえば、私たちは日常的に大小のショックを受けながらも、きちんとそれに適応し前へ進んでいる。それでも、その苦しみがあまりに大きく、プライドが深く傷つくような場合は、怒りにのまれて一歩も進めなくなるものだ。**怒りという感情に固執していては、人生そのものが行き詰まってしまう。**一方でソヨンさんのように許してしまえば、縛られていた感情から解放され、その事件に別れを告げて再び前へ進めるようになる。

　とはいえ、相手を許すためには準備も必要だ。少なくとも自分の中にある怒りや恨みがある程度鎮まって、その感情に自分自身が振り回されない状態になっていなければならない。しかし現実には、その準備が整わないまま中途半端に許してしまうケースも見られる。文字どおり**「偽りの許し」**を与えてしまうのだ。

　そんなふうに偽りの許しを与えてしまう理由として真っ先に挙げられるのは、捨てられることへの恐怖である。自虐的な傾向が強い人は、自分が怒れば相手が愛想を尽かして自分から去ってしまうのではないかと考え、早々に相手を許してしまう。その後は相手の望む方向へと自分を合わせ、相手にすがりつく。例えば浮気した夫から、俺だから一緒にいてやるんだなどと言

われた妻が、怒るどころか夫にしがみつくといったケースがこれに当たる。

　また、道徳的な優越感に囚われている人の場合は、怒りの1つや2つは簡単に抑えられるということを見せるべく、もしくは自分が相手より道徳的に優れていることを証明しようとして、すぐさま相手を許してしまう。まるで聖人のごとく振る舞うわけだ。

　その他にも周りの人たちの強要により、やむをえず許す場合もある。いくらなんでも親と縁を切るなんて親不幸もいいところだとか、心が狭くて身勝手だとか、こっちまで気を遣うからいいかげん矛を収めてくれとか、子どもたちのためにも目をつぶってやればいいのにとか、そちらの不仲でわが家の空気まで悪くなる、うちのためにも仲直りしてくれとか……。

　しかし通常、傷つけた側は自分の過失をすぐ忘れるのに対し、傷ついた側はいつまでも相手を恨み、その他の人間関係にまで抵抗感を持つようになるものだ。それゆえ**偽りの許しでは、表面上の穏やかな関係は維持できたとしても、解消されずに残った怒りによって相手への恨みはくすぶり続け、果ては互いに傷つけ合う病的な関係まで誘発しかねない。**しかも、それでもなお解消できない怒りは、最終的に自分自身へと矛先を変え、うつ病の原因にもなりかねないのだ。

では、傷が深すぎて相手をとても許せない時はどうすれば
よいのだろう？　許そうにも怒りが収まらず、かといって怒
り続ければ関係が完全に切れてしまいそうで怖い時、私たち
はどうすればよいのだろうか。そもそも、許すことは絶対に
必要なのか……。

　一般に、許した相手とは再び良好な関係を築かなければな
らないと思われがちだ。しかし**「許すこと」と「和解」は違う。
許すことは、傷つけた人間を苦痛から解き放つものではない。
傷つけられた本人が、足首をつかんで離さない過去の怒りか
ら、自分自身を解放するために行うものだ。**つまり、許すと
は「別れを告げる」ことなのである。

　もっと具体的に言うならば、**許すとは、最初から何も無かっ
たかのように傷を覆い隠すことではなく、エネルギーを注ぐ
価値もない相手に誤って注いでい
た大切なエネルギーを取り戻す行
為だ。**恨むことにそれ以上、貴重
な自分の時間を割かないようにす
ることであり、相手を意識の外に
置くことで、その人とは関
わりのないところで自分の
人生を歩む宣言をすること

である。怒りや憎しみで心を揺さぶることなく、静寂と平穏を
取り戻すべく、過去と決別することなのだ。

　なお、それを実現するためには、不可解で不合理な人生の一
面を認め、受け入れる心の余裕が必要になる。そうした深い理
解もなく単純に許すことだけを目標にすると、口では許してい
ながらも、心では活火山のように怒りをためこむことになりが
ちだ。そうなると、どうしても笑顔で相手に針を刺すような行
動をくり返すようになる。お互いを少しずつ蝕むことになるの
だ。

　だからもし、あなたが誰かに怒っているのなら、よく目を凝
らして怒りの理由を探ってみるといい。そして、もしその怒り
が抑えきれないほど大きいようなら、しばらく呼吸を整えてみ
ることだ。友達に会って怒りを吐き出すというのも１つの方法
である。それによって多少なりとも怒りが鎮まったら、今度は
じっくり考えてみるのだ。その人への怒りであなたの現在と未
来を棒に振ることは、果たして得策なのだろうかと。

　復讐とは甘くて刺激的なものだ。だが一方で、あなたと相手
の双方を破壊するものでもある。だから、もう価値のない人間
に腹を立て、あなた自身を蝕むのはやめよう。怒ったところで
相手は決して変わらないのだから。それどころか、相手はあな
たを傷つけた事実や反省の念さえ忘れてしまうかもしれない。

ゆえに今後は相手に注いでいたそのエネルギーを、あなた自身を愛し、あなたの人生を幸せにするために注ぐことだ。もしかすると、**その人とは関わりのないところで幸せに暮らすこと、それこそが最高の復讐なのかもしれない。**

　そうはいっても、準備が整わないまま中途半端に許すことは絶対にしないことだ。中途半端に許しても、お互いを蝕む結果に終わるだけだから。

Chapter

5

別れのつらさと
喪失感で身動きが
取れなくなって
しまったら

人生の中で解くべき
最も大きな課題

　10か月もの間、自分を守ってくれた母の子宮から離れること——それが私たちの人生の始まりだ。へその緒を断ち、母の体から切り離されてこの世界へ飛び出した瞬間、私たちは後戻りできない喪失の川を渡ることになる。赤ん坊に対し筆舌に尽くしがたい苦痛を与えるこの衝撃について、精神分析学者オットー・ランクは「出生外傷」とまで表現した。

　赤ん坊にとって母の胎内は温かくて安全な場所だ。そこにいれば、わざわざ頼むまでもなく母があらゆることを満たしてくれた。ところがある瞬間、母は何の断りもなしに自分をこの世界へ送り出してしまう。いざ目にしたこの世界は不思議なことだらけだ。それゆえ自力で這い回り、あれこれ探険してみたはいいものの、やたらと転んで生傷が絶えない。まさか、この世界がこんなにも危険で恐ろしい場所だったとは。してはいけないとされることも思いのほかたくさんある。しかも、胎内にいた頃は自分の望みをすべてかなえてくれていた母が、今は自分の状況をちっとも察知してくれない。そのため、おなかがすいているのか、おむつが湿って気持ち悪いのか、眠たいのかをい

ちいち伝えなければならないのだ。赤ん坊はそこで初めて、母と自分が一心同体ではない、分離した存在だということに気づいて、それがどれほど悲しいことなのかを知る。これこそが人間が経験する最初の悲しみだ。

　もう少し大きくなれば、力もつくから悲しくなくなるだろうか。子どもはそうして大人になるため、あらゆることに黙々と耐えていく。だが、大人になればやりたいことが何でもできるようになるだろうという予想に反して、どういうわけかむしろできないことばかり増えているようだ。一生懸命頑張れば何でもかなえられるなんて、全部うそだった。それでも恋をして結婚すれば幸せになれるはず、もう寂しくはなくなるはずと信じていたのに、結果的には1人でいるより深い孤独にのみこまれている。のしかかる義務と責任に息が詰まって、未来が不安で寝られない日もある。

　しかも世の中は不公平だらけだ。生まれながらに多くを手にしている人もいれば、そうではない人もいる。誠実に生きたからといって病気や事故を回避できるわけでもない。愛する人を天国へ送る悲しみにも耐えなければならない。信じていた人に裏切られることだってある。それなのに、そんな不条理な世の中に打ち勝つには、自分があまりにもちっぽけな人間に思えてくる。

　大人になるということは、そうした悲しい現実と自分の限界

に気づくことなのだろうか？　さらにここで悲しくなるのは、いつかは老いて死ぬという事実だ。1日生きれば、その分だけ死に近づく。文化人類学者アーネスト・ベッカーは、それについて次のように語った。

「人は何年か経たのちに地位や名声を得、自分の才能、ユニークな天稟を開花させ、世界に対する眼識を完成させ、好みを広げ鋭くし、生の失望に耐えることを学び、成熟し、味わいを増し——最後には自然におけるユニークな動物となり、ある尊厳と高貴さを備えて立ち、動物の条件を超越する。(中略) そうした人間を形成するためには、六十年間も信じがたい苦悩と努力を必要とする。ところで、六十年後、その人間は何の役にも立たず死ぬしかない」(『死の拒絶』アーネスト・ベッカー、今防人訳、平凡社)

　ゆえに**生きるということは、それ自体が悲しいことだ。もはや失うものは何もないと思った瞬間でさえ、私たちはまた何かを失う。**では人生という喪失の川を渡る中で私たちには何ができるのだろう？　この世は悲しいものだと諦め、屈するしかないのだろうか？　この世がどんなに不可能や禁止であふれていても、未来は不安と苦痛だけで成り立っているわけではない。

　失うことは悲しいが、時としてそれは新たな出会いや出発を意味するものでもある。私たちは何事からも守ってくれた母の

子宮とお乳に別れを告げることで初めて独立した個体としての
自分になることができ、この世の美しさと多様性に出合って、
まるで詩の一節よろしく「わが運命を決めるのはわれなり、わ
が魂を征するのはわれなり」という状態になれるのだ。

　それこそが、私たちが人生という喪失の川を渡って解くべき
最も大きな課題である。では、日々失われていく幾多の事物に
どうやってきちんと別れを告げ、その経験をどんなふうに変化
や成長に結びつけていけばよいのだろう？

手遅れになる前に
必ずすべきこと

自己嫌悪
ピーターパン症候群

「また面倒な1日が始まるのか」

　34歳のチュウォンさんは、学習塾で英語講師として働いている。だらだらと日中をやり過ごし、普通の会社員たちが帰宅する頃になると、ようやく彼の仕事が始まる。講師の仕事自体もつまらないが、生意気で扱いにくい生徒たちにはうんざりだ。とはいえ生きていくためには、この仕事をしないわけにもいかない。たまに将来を想像すれば、湧いてくるのは絶望だけど。あと数年で40歳を迎える自分は、いつまでこの仕事を続けられるのだろう？　年を取れば体力も落ち、下からの突き上げによって肩身も狭くなるはずだ。彼には子どもの頃から特にやりたいことがなかった。世間に対する興味や関心も薄かった。彼はただ親からの言いつけをよく守る真面目な学生だった。ギリギリではあったが運も手伝い、それなりの成績を取って名門大学に合格した。卒業後も特にやりたい仕事がなかった彼は、何社か大企業に応募したものの、どこにも採用されず家で遊び暮らすようになった。そしてそのうち親の小言に耐えられなくなり、英語力強化もかねた1年間の外国生活を経て、辛うじて就

いたのが今勤めている学習塾の講師の仕事だ。

　覇気のない息子を見かねた父が、男のくせに気概がないと責めようものなら、彼はこうなったのは誰のせいだと一人ごちて部屋に引っこんでしまった。

　幼少期は天才と呼ばれるほど賢かった。彼の聡明さに触発された両親は、良いとされるものなら何でも息子に習わせた。おかげで一度に10個もの習い事を掛け持ちしていたこともある。塾へ行くのをしぶったために、父からムチで打たれ、下着姿のまま真冬の屋外へ閉め出されたこともあった。1時間もの間、寒さと羞恥心に震えた彼は、それ以後一切反抗しなくなった。ただ黙って親の言いなりになった。そうして自律性を失った彼の心には、ぽっかりと穴が空いた。そんなふうに中身が空っぽになった彼の自我は、外界に対するあらゆる興味を失った。

1
大人になるために
別れを告げるべきもの

　子どもたちは早く大人になりたがるものだ。しかし、大人になるには長い時間がかかる。そして子どもたちは、その時間が喪失の時間であることを知らない。指の間からたくさんのものがこぼれ落ち、そうしてできた空間に冷たい現実が染みこんで

くる時間であることを、まるで知らないのだ。

　大人になることの中には、「過去との別れ」という悲しみが含まれている。新たな出発はいつだって、慣れ親しんできた過去の事物との別れによって始まるものだからだ。では、私たちは大人になる過程で一体何を失うのだろう？

　１つは、自分を守り愛してくれた温かな親の懐だ。ずっと自分のそばにいて強固な盾になってくれると信じていた親から離れることは、悲しく不安なことである。

　子どもの頃は何か困ったことがあれば、すぐさま親が駆けつけ共に考え助けてくれた。だから重大なミスや失敗をしても、親が責任を取ってくれると信じて安心していられた。ところが大人になると何をするにも自分で責任を負わなければならなくなる。親に相談することはできても、かつてのように全面的に親を頼ることはできない。親は保護者から保証人になり、私たちは自らが親となって、自分たちが親からもらったものをわが子たちに引き継ぐ時期に突入する。温かくて安全な親の懐から巣立たなければならないのだ。それゆえ大人になることには、どうしても悲しみや不安が伴う。

　一方、もう１つの喪失は、鏡に映る自分を見て驚くところから始まる。子どもの頃に思い描いた自分像とはかけ離れたその

姿に動揺するのだ。まさにその瞬間が、もう１つの別れと向き合うタイミングである。どんなこともできる気でいた幼少期の大きな夢と別れるのだ。

　青少年期には、なりたい自分像がたくさんある。社会的に大きな成功を収めて世間の注目を一身に浴びる華やかな自分を想像することもあれば、すべてを投げうって身を尽くす聖者のような自分を夢みることもあるだろう。目の前には無限の可能性が広がっているので、望みさえすれば何でもかなうと信じているわけだ。

　しかし実際大人になると、鏡に映る自分の姿がこれまで夢みてきた自分像とはかけ離れていることに気がつく。さらに、その鏡を壊したところで自分の姿が変わるわけではないことに気づけば、もはや諦めという苦痛に耐えるしかなくなる。

　それは幼少期に抱いていた、どんな過ちを犯しても許されて、何か悪いことが起きれば必ず事態を打開してくれる誰かが現れるという期待を捨てることだ。そしてそれは**自分にも、あらゆることを自分で決めて、それについて自ら責任を取り、手にした権利の分だけ多くの義務を背負わなければならない時期がやってきたという事実を認めることである**。加えて、自分の力はそれほど大きなものではなく、享受できる自由も限られていて、愛する人たちとの関係さえも不完全だという現実を受け入れることだ。

自分の限界に気づくこと、今となってはもう選べない選択肢の数々を思い知ること、かなえられなかった理想と現実の落差を自覚すること——これらは人間にとって避けられないプロセスだ。ゆえに、大人になるということは、「われこそが世界であり、わが希望は命令である」という全知全能的な幼児期のナルシシズムと決別する過程ともいえるだろう。

2
夢のような
「理想の自己像」を修正する

　人生において退屈な時間があるのはしかたのないことだ。とはいえ基本的には忙しく働きながら、しばし気を抜いて物憂げな時間を過ごすのと、何に対しても意味を見いだせず世捨て人のようにだらだら過ごすのとでは大きな違いがある。哲学者バートランド・ラッセルの言葉を借りるなら、前者は「何かしら実を結ばせる退屈」で、後者は「無意味な退屈」だ。精神分析では無意味な退屈を**「理想的であることの病」**と呼ぶ。

　夢もなくあらゆるものへの興味も失って退屈な日々を過ごすチュウォンさんは、実を言うと親の期待どおりにカッコよく成功し、周りから拍手喝采を浴びながら生きたいという高い「自

我理想 (ego-ideal)」を持っていた。しかし大人になったなら、思うようにならない現実という土壌の中で己の限界を認め、現実に即した夢の修正を行うべきだ。いうなれば高い自我理想を葬（ほうむ）って、それを嘆き悲しむ工程が必要なのである。ところが親から認められ愛されることを渇望する彼には、高い自我理想を捨てることができなかった。**自我理想とは自分自身に対するあるべき姿の要求だ**。自我理想は成長過程において親に褒められたり、親が求める価値を内在化させたりする中で形成され、良心と共に超自我を構成していく。

　だが自我理想が高すぎると、人は理想的な自分からかけ離れた「**残念な自分**」の実像と現実に失望し、うつ状態に陥りやすくなる。彼もそうした理由から、年々広がる理想と現実の乖離（かいり）に心が折れていた。そしてやがて、自我理想に到達できない自分では、愛されたいと願う親からも拒絶されるのはやむなしという発想に至り、無力感に襲われたのだった。

　彼の人生はもはや意味を失っていた。前述したような挫折感によって怒りの感情を刺激された彼は、どこまでもみすぼらしい自己像のせいで無力感にさいなまれ、常日頃「疲れた」という言葉が口を突いて出るようになっていった。そういう意味において、彼の退屈は「苦しい孤独」であり「自己嫌悪」ともいえるだろう。

彼が主に使う防衛機制は、退行、投影、逃避だ。自我理想に
到達できない自分に挫折感と怒りを覚えた彼は、そのおぞまし
い感情をはねのけるべく、自ら行動しなくても親が何でもして
くれた幼少期に退行した。そして、現実から何の刺激も得られ
ないのは自分の心がスカスカだからではなく、外界の刺激がく
だらないからであり、親の育て方が悪かったからだとして、そ
の責任を外界に投影した。加えて自分に挫折ばかり味わわせる
現実から目をそらすべく逃避もした。だが彼は未熟な防衛機制
を駆使することにエネルギーを浪費する一方で、結局のところ
壊れているのは自分自身だということには気づいていなかった。

3
もう哀傷を
先送りしないこと

　チュウォンさんのように、過去と離別できない人たちがいる。
温かな母の胸や幼少期に別れを告げることを拒み、過去の中に
引きこもる人たち、あるいはいつまでも成長しない子どもであ
り続けようとする人たち……。私たちは、そういう人たちをピー
ターパンと呼ぶ。
　だが大人になるためには、それがどんなに悲しくて回避した
いことだとしても、過去との決別が必要だ。そうやって見送る

作業こそが「**哀傷**」である。

　すべての喪失には哀傷が必要だ。哀傷は一気に完了させられるものではなく、一連のプロセスを有するものである。**人は喪失を経験すると、ひとまずその喪失を否定する。**そんなはずはないと首を振り、それが自分から離れたことを否定するのだ。そこから時間が経過して、何度もそれがない現実がくり返されると、今度は怒りがこみ上げる。「どうして自分がこんな目に！」と叫びたくなるのだ。とはいえ喪失に憤るということは、それが失われたことを認めつつあるということだ。そうなると次は、それを永遠に失った事実を認めて、悲しむフェーズへと移行していく。私たちはこうした悲しみのプロセスを経て、人生に関する深い洞察と理解を得るのだ。フランスの作家マルセル・プルーストは、こうした一連のプロセスを次のようにまとめた。

「観念が悲嘆の肩代わりをしてくれるわけで、悲嘆が観念にすがたを変えるとき、悲嘆はわれわれの心に及ぼす有害な作用の一部を喪失するうえ、最初の瞬間には、その変貌自体からいきなり喜びが湧きでることさえある」（『失われた時を求めて13』プルースト著、吉川一義訳、岩波書店）

　このプロセスが完了すると、私たちはようやく失ったものに関する記憶を心の奥深くに大切に留めつつ、新たな出会いに向

かって歩み出せるようになる。つまり哀傷とは、十分に悲しむことであり、受け入れることなのだ。それに加えて見送ることであり、新たな一歩を踏み出すことである。さらには失うことであり、失ったものを永遠に心に留めることだ。

哀傷ができなければ過去と離別できず、過去に囚われたまま、その中をさまよう亡霊のごとく生きることになる。チュウォンさんのように、現在にいながらも今を生きられなくなるのだ。だが、もう二度と戻れないことを認めたからといって、過去の記憶がきれいさっぱり消えてしまうわけではない。その記憶はその人の精神の一部となって、永遠に心の中で生き続ける。

また**変化と成長は、喪失を「避けられない人生の一要素」として受け入れ、失ったものを哀傷することで初めて得られるものだ。**それゆえ私たちは大人になるまで大小さまざまな哀傷をくり返し、死ぬまでずっと見送ったり迎えたりする作業を反復することになる。成長するということは、実のところ悲しいことだ。しかしそうした事実をすべて認めれば、必要に応じて選択の自由を得られるようになる。だから、もしこれまで親に言われるがまま従順に言いつけを守りとおしてきたのなら、これからは両親や幼少期に対してきっぱり別れを告げることだ。自分を縛りつける極端な理想という鎖を断ち切って、両手を広げ新たな人生を迎えるのである。

さようならを告げることが
大切な理由

　自分に降りかかる不幸を事前に察知できたら、どんなにいい
だろう。だが悲しいかな、私たちにはそういう能力がない。だ
から突如として予想外の惨事に見舞われると、それに圧倒され
てパニックになってしまうのだ。想像すらしなかった突然の別
れなら、なおさらである。

　実を言うと、さようならのひと言もない別れは本当の意味で
の別れではない。**さようならを告げることは、別れを具体化す
ることで相手が自分から離れたことを認め、その事実を心から
受け入れる作業**だからだ。

　葬儀を執り行うことも、そうした別れの儀式の一環といえる
だろう。ひとしきり声を枯らして泣き叫び、身近な人たちと式
の準備を進め、最後にようやく亡骸と向き合って心の整理をつ
けていく。そうした時間をとおして、去った人と残された人が
それぞれ互いに別れを告げ、共に過ごしたこれまでの時間を整
理していくのだ。

「母はある日突然、私に何も言わずいなくなったんです。家族
からは、母はアメリカへ行っていて、すぐに帰ってくると言わ

れました。私はもうおぼろげながら母の死に気づいていたのに」

　幼くして母を亡くしたある患者の言葉だ。彼女の家族は幼い娘にショックを与えまいとして母の死を隠した。そのせいで彼女は母の死を大きな秘密と認識し、決して口外してはならないものと考えてしまった。そのせいか、彼女はいつも胸の奥にある大きな石に押しつぶされそうになりながら生きていた。彼女を最も苦しめたのは、母に最後のお別れができなかったという事実だ。こういう場合、彼女にとって母親は「死んでいるわけでも、生きているわけでもない人」になってしまう。

　このように、死に目に会えなかったとか、きちんとお別れができなかったという事実は、大きなしこりとなって胸に残る。病院ではそうした理由から、家族を臨終に立ち会わせてやるべく、すでにこと切れた命を人工的につなぎとめることもある。

　一方で戦争や地震、三豊百貨店崩壊事故 [1995年に起きた大規模な崩落事故。500名以上の死者と900名以上の負傷者を出した] やアメリカ同時多発テロ事件のような大惨事では、行方不明になった家族や友人を捜し回る人々が現れる。こういう時、遺体でも見つかればまだ救われるが、残された家族を最も苦しめるのは、生死さえ確認できないケースだ。どこかで生きているかもしれないというかすかな希望は、残された人たちを生涯にわたって苦しめる。なぜなら、そうしたケースでは「死」自体も一緒に行方不明になってしまうからだ。行方不明になっ

た死は弔^{とむら}ってやることができないのである。

　その結果、残された人たちは、相手の死を確信しながらも待ち続けなければならないという苦境に立たされることになる。終わらない悲しみの中に取り残されてしまうのだ。

　私たちは、去っていった相手との惜別の記憶を何度も何度も振り返る。名残惜しそうな相手のまなざしや力なく振り返る寂しげな後ろ姿……。そういう場面をくり返し回顧することは、受け入れがたい別れを現実として受け入れるための努力の1つだ。

　そういう意味でいうと、相手にさようならを告げるという行為は、別れるしかない現状をお互いに受け入れるための作業であり、お互いがその別れをつらく悲しいものと捉えていることを確認するための作業である。それに加えて自分が相手にとってどれほど大事な存在だったのかを確認する作業でもある。それらを確認することができれば、私たちは過去を大切な思い出として心に留めながら、それぞれの道へと旅立つことができるようになる。**別れとは、これまでの日々に終止符を打つ作業であると同時に、これまでの日々に意味を与える作業でもあるのだ。**詩人チョン・イルグンは、「秋のすすき」という詩で昨今の別れを次のように描写している。

愛なき時代の別れとは
　鼻先がつんと痛むような最後の握手もなく
　湿っぽい言葉もないままに
　ポケットへ手を突っこんでスタスタスタ
　せわしなく、わが道へと立ち戻る人々

　このように、さようならも言わずに去ってしまったら、残された人は拒絶され、捨てられたと感じて苦しむことになる。

　ミンジョンさんには、父に関する記憶がほとんどなかった。幼い頃に両親が離婚し、母に引き取られて以降、父に会ったことがなかったからだ。しかもある日、彼女を祖母の家へ連れて行った母は、翌日目を覚ましてみると姿を消していた。祖母の話ではお金を稼ぎに行ったそうだが、彼女が25歳を過ぎた今も母からは一切連絡がない。両親ともに生きているのか死んでいるのかさえわからない彼女は、悲しみの中に捨てられてしまった。さようならの言葉もなく1人残された彼女は、誰にも心を開けずにいる。また捨てられてしまいそうで怖いからだ。

　ジウォンさんの場合は違った。彼女の両親は去り際に、別れの言葉を残していた。お前には、お前を愛する両親がいることを忘れないでくれ、そしてどんな時も勇気を失わないようにと

言い含めていたのだ。その言葉は、彼女が生きていくうえで大きな支えになった。

　人は誰かから愛されている時、生きていることを実感する。こうした別れの言葉は、その子の人生において友達のような存在になってくれるものだ。それは親の愛が残す遺産であり、子に生き抜いてほしいと願う親の思いとして、子どもの超自我に大きな影響を与える。

　だから、**どんな別れにおいても、さようならを告げることはとても重要だ。**仮に突然の別れや喪失によって言葉を残すだけの時間的余裕がなかったり、一方的に縁を切られたりしたような場合でも、後日でかまわないので、心の中から相手を送り出し、さようならを告げる必要がある。そうやって区切りをつけることは、去っていった相手と自分をつないでいたひもをほどくための最後の作業だ。お互いがお互いから解放されるための作業なのである。

　さようならのひと言が必要になるのは、去りゆく人と残される人の間だけではない。今や過去になってしまった昨日の自分とも区切りをつけることは必要だ。それでこそ私たちは過去を思い出として心に留めながら今日を生き、明日を迎えることができるようになるのである。すでに自分の手元から離れた事物に対しても、私たちは手を振って別れを告げるべきだ。そして

人生最後の日には、この世を生きた自分自身に対しても、きちんと別れを告げなければならない。

　そう考えると、人は誰しも毎日のように何かに別れを告げる宿命を背負っているのかもしれない。

別れに耐えられない
人たちの心理

「彼の元へ行きます。彼がいない世界なんて私には何の意味も
ないから……」

　こんな遺書を残して愛する人の後を追い、自ら命を絶つ人た
ちがいる。ジュリエットが死んだと勘違いして毒をあおったロ
ミオと、そんな彼を追って自ら命を絶ったジュリエットがそう
だ。私たちはその話を聞いて切ない恋に胸を痛める。ある人は
死をも恐れぬ彼らの愛に感動し、この世でかなわなかった恋を、
あの世ではかなえられるようにと祈る。

　一見すると、彼らの愛は死をも越えたように見える。ここで
いう死は、彼らの愛を証明する１つの要素であり、彼らの悲し
みの深さを示すものだ。しかし、このように愛する人を失って
その悲しみに耐えきれず後追いする人たちは、実のところ真の
哀傷ができていない人たちである。愛する人が残した足跡を大
切に胸に留め、悲しみを昇華させて再び自分の道を歩むべきな
のに、それができていないのだから。

　愛する人を失ったことで人生の楽しみのすべてを意識的に放
棄する人たちや、浮世を遠ざけ何もせず屍のように生きる人た

ちも、哀傷ができていない人たちだ。彼らはきちんと相手に別れを告げられていないからだ。こうして詳しく見てみると、**彼らが失ったのは旅立った相手ではなく、自分1人では存在理由を見いだせない彼ら自身であることが多い。**

　誰かに自分を愛し認めてもらわなければ自分の存在価値を見いだせないという人は、そういう相手がいなくなった途端に自我を失って枯れてしまう。自我が枯渇すれば、1人では何もできない深刻な無力感に襲われて、自分の元を去った相手への恋しさと怒りをコントロールする力を失い、激しいパニック状態に陥って慢性的なうつ症状を見せるようになる。いわば彼らが失ったのは、人生を導く主体としての自分自身というわけだ。

　チェウォンさんは今日も彼氏に電話した。電話越しにイラついた彼の声が聞こえた。「忙しい時にかけてくるな！」。そう言ってブチッと電話を切ってしまう彼。切れた電話を握ったまま、しばらく行き場のない惨めさに、ぼう然と座りこんでいた彼女は、きっと彼は今とても忙しくて機嫌が悪かっただけだと自らを慰めた。

　彼女はマッチングアプリで彼と知り合った。彼とは妙に話が合った。彼はとても暗い人で、過去には厳しく複雑な家庭環境を苦に自殺未遂をしたこともある。いつも冷笑的で悲観的な態度を貫く彼は、世の中なんて一切信じないと言っていた。彼女

は彼ならば自分の苦しみを理解し慰めてくれると確信した。彼女自身も彼の傷を理解し、包みこんであげられる気がしていた。

　2人は何度かメッセージのやりとりをして、初めて会った日にそのまま夜を共にした。その後、彼は冷たい声で連絡するのは寝たい時だけにしようと言った。しかし彼女のほうは彼を忘れられなかった。どうしても会いたくて1日に何度もメッセージを送った。だが彼は基本的にそれを無視し、気が向いた時にしか返事をしなかった。なぜこれほど惨めな扱いを受けてまで彼にすがるのか。彼女は自分でも、その理由がわからなかった。とにかく彼に会わなければ、どうにかなってしまいそうだった。友人たちの制止も耳に入らなかった。

　実を言うと、彼女にとってこうした経験は初めてのことではない。過去につき合った数人の男性たちも皆、彼女を同じように扱った。彼女は耐えがたい屈辱を覚えながらも、そうした男性にばかり惹かれる自分を理解できなかった。

　彼女の父は生前、無愛想で家族に無関心な人だった。そんな父に対し、母はしょっちゅう金切り声を上げて不満をぶつけていた。そんなわけで、小さい頃から彼女の家では四六時中、夫婦げんかの声が響いていた。しかも父は腹が立つと、子どもたちに厳しい罰を与えた。彼女はそんな父を見て、いつも、いっそいなくなればいいと思っていた。ところが中学生になると、父は癌を患って1年ほど闘病したのち本当に亡くなってしまっ

た。父の葬儀の日、彼女は涙を流さなかった。彼女は病床の父を誠心誠意看病していたので、周囲の人たちは意外に思った。それから10年余り過ぎた現在まで、彼女が父の墓参りをしたのは、たったの2回だけだ。家族は薄情だと言って彼女を非難した。彼女自身もそんな自分を冷たい人間だと思い、罪悪感に苦しんだ。

　彼女の問題は亡くなった父をきちんと見送れていないところにある。父の死を前に彼女が泣かなかったのは、父の死を認め受け入れることができなかったからだ。その結果、彼女は父の死に到底向き合うことができず、父の墓へも行くことができないのだった。

　彼女にとって、父は愛と憎しみの対象だった。父は家族に無関心で怖い人ではあったものの、末っ子の彼女だけはかわいがっていた。酒が入れば決まって彼女をなで、頬にチューをしていた。頬ずりされる時のガサガサした感触は大嫌いだったけれど、彼女は常に父を求めていた。このように彼女は父に対してずっと愛と憎しみという相反する感情を抱き苦しんでいた。それなのに父は、彼女がそうした感情を消化しきれないうちに亡くなってしまった。

　人は相手を大切な思い出として胸に留めて初めて、その人に別れを告げられるようになる。しかし彼女のように、相手に対

し愛と憎しみという相反した強い感情を持っていると、相手を
思い出として胸に留めることはできなくなる。しかも彼女の場
合は、自分が抱いた憎しみの感情が父を死へ追いやったという
罪悪感にも苦しめられていた。そのせいで、ますます父の死を
受け入れられなくなっていたのだ。

　**人は心に傷がある時、無意識のうちに過去へ戻って、同じ設
定を異なる形で再現することにより苦痛から抜け出そうとする。**
彼女が毎度、自分を無碍に扱う男性たちに心惹かれてすがって
きたのは、まさにそういう理由からだ。その男性たちを代理と
して、父との間で消化しきれなかった感情を満たそうとしてい
たのである。彼女はそうすることによって父の死を否定して、
父がまだそばにいることを確認しようとした。だが彼らは彼女
の父親ではない。彼女の執着心は結局、彼女自身を壊すだけだっ
た。
　チェウォンさんの治療は容易ではなかった。彼女は治療を開
始してからも、なかなか父の死を認められなかった。ところが
そんなある日、彼女はとうとう涙を流した。葬儀場で流すべき
だった涙を10年余り経ってようやく流したのだ。彼女はそう
やって遅ればせながら父に別れを告げたのだった。

　悲しい時に悲しむ力は、成長にあたって必要不可欠な能力の

１つだ。なぜなら人生には悲しまずにはいられないことがそこかしこに存在しているのに、それを否定したり無視したりしていたら、ありのままの人生を見失って虚構のイメージに閉じこめられてしまうからである。精神分析による治癒プロセスでも、患者はまず、それまで必死に追い求めてきた自分の中の虚像と向き合い、自らが失ったものに気がついた段階で、それを悲しむフェーズへと移行していく。

　要するに苦痛や悲しみを避けたり無視したりするのではなく、それがあるという事実を認めて、ありのまま受け入れることによって挫折を克服する力を得るのだ。そういう意味でいうと、悲しみとは乗り越えるべき感情ではなく、全身で受け止めつつ受け流すべき人生の課題の１つといえるだろう。

　悲しみは、いつまでも居座り続けるものではない。永遠に消えそうにない時でさえ、悲しみは少しずつ薄らいでいるものだ。ある意味で、いつまでも居座っているのは悲しみではなく私たち自身である。見送るべきものを見送れずにしがみついているうちは、悲しみから抜け出すことなど到底できない。それでは、「失ったものを認めるくらいなら、いっそ悲しみの中で生きてやる」と宣言しているようなものだ。なぜそうするかと言えば、悲しみの中にいるかぎり、少なくとも不満を吐露して涙を流し、その人が帰ってくるという望みを抱くことができるからである。

　しかし雨上がりの空が澄みきって一層晴れ渡るのと同じよう

に、悲しみも一度受け止めてから受け流してやれば、人生の深い理解と平穏を得られるものだ。

　だから愛する人の死を、あるいは何らかの過去を見送れずにいる者たちよ。幸せになりたいのなら、そろそろ見送ってやることだ。決して離すまいと過去を握りしめているうちは、いつまで経っても苦しみは消えないのだから。

失恋に向き合う
最も賢明な対処法

失恋

「別れよう」

「そんなこと言わないで。もっとちゃんとするからさ」

「もういいの。別れよう」

「なんでだよ？」

「もう好きじゃないから」

　男は少し前から気づいていた。彼女はもはや自分に何の興味も持っていないということに。そして、よくげんなりした目で自分を見つめていることに。だが、いざ別れを切り出されたら、ドンと気持ちが沈んだ。何もすることができなかった。

　失恋とは死だ。それは愛する人の死であり、愛されていた自分の死であり、ずっと夢みていた「理想的な愛」の死である。そのため**失恋は時として「死と同等の苦痛」として胸に迫る。**だからこそウェルテルは失恋後に拳銃で自らの人生を閉じ、カミーユ・クローデルはロダンと別れたあと精神を病んで、あわれな人生を送ったのだ。ここまで極端ではないとしても、失恋は人生における最も大きな苦痛の１つであり、それによって多くの人たちが苦痛や涙、眠れない夜を経験している。

　失恋は、どんなタイミングでも起こり得るものだ。つき合い始めてすぐということもあれば、長くつき合った末に、あるいは結婚後に経験することもある。愛が冷めた事実は、ほんのささいなことからわかる。一般的に恋人同士というのは、2人の間でしか通じない話し方やシグナルを持っているものだ。そして愛が冷め始めた時には、そうしたものから変わっていく。声のトーンが変わったり、あだ名や下の名前での呼びかけがなくなったりするのだ。

　失恋の最初の兆候は、特定の行動を「する」というより、今までしていたことを「しなくなる」という形で表れる。何やら変化を察した一方が話し合いを求めれば、もう一方は面倒くさそうにそれを避け、だんだんと相手に興味を示さなくなる。

　変化に気づいたほうは、不安ながらもその事実をどうにか否定して、偽りの希望さえつかもうとするものだ。取り越し苦労だと信じて別れを示す明確なシグナルからも目をそらしたあげく、関係修復の可能性を見いだせそうな要素を探してしがみつく。果ては失恋が確実になってもなお完全に知覚をゆがめて、まだ終わっていないという錯覚の中で生きようとする。なぜならその恋はその人にとって希望であり、自分の存在理由になっているからだ。とはいえそういう人たちもそのうち、恋人の心が自分から離れていることや、もはや自分にはどうすることも

できないということに気づく時が来る。そうして、相手からもう愛していないから別れてくれと要求されてようやく失恋の現実と向き合う。

　恋愛中に自我の拡張を経験するのと同様に、愛を失った時には自我の収縮を感じるものだ。恋愛中に味わった意気投合の喜びと力は、失恋後の孤独な自我をより一層傷つける。

　彼らが築いてきた「私たち」という世界は、「私」という元素に戻り、自分だけが相手にとって唯一愛しい存在だという認識から来る幸福感が消え、その跡地には乾ききって価値を失った無意味な自分だけが残される。それに加えて恋愛中、手を焼いてくれる相手に甘えていた自分の態度が幼稚に思えて恥ずかしくなり屈辱すら覚えてくる。相手への依存度が強かった場合は、何もかも１人でやらなければならなくなった事実に絶望し、恋人なしでは何もできない自分に気づくたびに声を上げて涙することもある。

　失恋における最も根本的かつ普遍的な苦痛は、それまで誰にも見せずにきた心の奥底を恋人に見せたという事実からくるものだ。特に自尊感情が低い人たちの場合、失恋の苦痛は激しい自己卑下として表れる。自分の心の奥底を見た恋人は、つまらなくて至らない自分に失望し、その結果離れていったと考えてしまうのだ。愛される価値がない人間だからフラれたのだとい

う発想は、私たちを凍えさせる。なぜなら裸のまま捨てられた
かのようで、ひどくつらいからだ。

　一般的に恋が終わる時というのは、フラれた側がその痛みに
耐え、最後にはまた相手が戻ってくるかもしれないという無駄
な期待を捨てて無感覚になる瞬間と、ふさぎこむ瞬間を交互に
経験しながら、ゆっくりと回復に向かうものだ。

　その過程においてフラれた側は、自分でも恥ずかしくなるよ
うな行動をいつまでもくり返すことがある。相手に数十から数
百件もの電話をかけたり、ぶしつけに相手の家へ押しかけたり、
迷惑はかけないからどうか一度だけ会ってほしいと頼みこんだ
り、もっとちゃんとするからそばにいさせてくれと泣きついた
り。さらには相手のSNSを頻繁にチェックして誰と一緒にい
るのか確認したり、偶然を装っていきなり相手の前に現れるこ
ともある。問題はそうした行為を、恥ずかしいと自覚しながら
自制できないことだ。

　もちろん大抵の人たちは、そうした失恋の苦痛をうまく乗り
越えることができる。ひととおり感情の波を経験したら、その
恋にまつわる幻想や記憶を心のビデオテープに落としこむのだ。
そうして何らかの出来事がそのテープの反復再生を止めてくれ
るまで、頭の片隅でぼんやりと流し続けるのである。

　このように失恋を乗り越える過程は、愛する人の死を哀傷す

る過程に似ている。精神科医ジョン・ボウルビィは、哀傷のプロセスを4つの段階に分けた。1つ目の段階では絶望し無感情になって、死の否定が行われることもある。2つ目の段階では死者に会いたい気持ちが高まり、心が落ち着かず死者に執着するようになる。3つ目の段階では瓦解と失望が見られるものだ。生きる意味を失ったようで社会的な関係を断ち切るようになり、孤立してあらゆる感情を失い、不眠症や体重減少に悩まされるようになる。旅立った人との思い出を延々と反芻し、それがもはや単なる記憶でしかないことに失望する。そして最後、4つ目の段階では、ついに回復が見られるようになる。この頃にはもう喪失の痛みが薄れ、現実社会に復帰できるようになっている。旅立った人は心の中で生き続け、喜びや悲しみの記憶として残る。

　ある意味では失恋も「最愛の人の死」であり、「恋人から愛されていた自分の死」だから、死を哀傷する過程とも似てくるのかもしれない。なお、**きちんと哀傷できない人は、燃えるような恋に落ちても情熱が冷めた途端に次の恋を求めてしまうものだ**。自分が傷つく前に相手に別れを告げ、クールなふりを装うも心の中で後悔するのである。そういう人はすべての恋愛において同じパターンをくり返し、毎回不幸な結末を迎えることになる。

　だが、失恋後にきちんと哀傷過程を踏んだ人たちは、自分を「愛されるほどの価値がない人間」だとは考えない。愛する人から愛されればうれしいけれど、なかなかそうならないことを承知しているからだ。そのため彼らは時が経ち、ある程度心が回復してくると、再び自然と別の恋を求めて歩み出すようになる。たとえ傷つくことになったとしても、喜んで愛し愛される人生を選択するのだ。

　それに恋が実らなかったとしても、ネガティブなことばかりではない。**実らぬ恋は人を成長させ、自我を拡張させることも多いからだ。**また芸術家であれば、ぽっかり空いたその心の中に創造性が芽吹いてきて、失恋を機に名作を誕生させる可能性もある。

　しかし、なかには延々と失恋の苦しみを引きずる人たちもいる。彼らは、自分を愛される価値がない人間と考えて、いつまでも自己卑下を続けてしまう。そのため次の恋をするチャンスが訪れても、心の扉を開くことができないのだ。去っていった人が戻るのを待ち、終わった恋の影ばかりを追い続けるケースも少なくない。

　だが、どんなに愛らしくて美しく、すばらしい人でもフラれることはあるものだ。反面、周りから見て評価が低い人が一度も失恋することなく最後まで幸せに暮らすこともある。失恋後

によりステキな人と出会って結婚したというケースも何度も見てきた。それが人生というものだ。だから失恋したからといって、やたらに悲しんだり、むやみに憤ったり、自分を責めたりしないでほしい。無理に平静を装ったり、気丈に振る舞ったりする必要もない。むしろ**思い切り悲しんだほうが、失恋の痛みは上手に乗り越えられるものだ**。それに燃えるほど恋した記憶はいい思い出となって、次の恋が始まった時には喜んで受け入れられるようになるはずだ。

姉 の 急 逝 が
私 に 残 し た も の

虚無感
喪失感
大切な人の死

　大切な誰かを失うことは、とてつもなく悲しいことだ。自分の存在を支えていた人が急にどこかへ消えてしまったら、もう二度とその人には会えないという事実が、もはや互いのぬくもりや温かなまなざしを感じ合えないという事実が、私たちを果てしない悲しみへと引きずりこむ。さらには、もう1人では立っていられず、耐えられそうにない孤独と恐怖によって自身を心の洞窟の奥へと引きこもらせてしまう。

　それだけではない。まださようならも言えていないのに、解くべきわだかまりもたくさん残っているのに、お別れをする時間も、互いを許し合う時間も与えずに突然、去ってしまった相手が憎らしく恋しくて、とても別れなど告げられないということもあるはずだ。私の場合もそうだった。

　春休み初日、朝から入学前オリエンテーションに出かけると言う姉を、私は夢うつつで見送った。一瞬、姉の顔が土気色に見えたけれど、寝ぼけて見間違えただけだろうと思った。まさか、それが姉との最後の会話になるなんて……。姉は道路を渡っ

て友達と合流しようとしたところで、ブレーキが壊れたバスにはねられ、この世を去った。

　高校3年の1年間は地獄のようだった。突然訪れた姉の死を前に、私は何もできなかった。とはいえ、当時の私は大学入試を控えた受験生だ。その上、わが家の自慢だった姉に代わり親の悲しみを軽減させなければという使命感に駆られていたため、悲しみに浸ることさえ自分に許していなかった。そのうちふと、姉の死を招いたのは自分の嫉妬ではないかと思えてきて、自分が生きているという事実がおぞましくてたまらなくなった。私はそうなるたびに、これからは2人分の人生を生きなければという決意をノートに書きとめ、自らにムチを打った。

　悲しみを感じることさえ自分に許可できなかった当時の私は、四六時中うなされ悪夢を見ていた。姉は頻繁に私の夢に現れては、たくさんの話をしていった。ある時は、とても寂しいと訴え、またある時はこちらの世界もそちらと同じで人々は苦しみの中で暮らしており、お互いに恨んだり、愛し合ったりしていると教えてくれた。そんなある日、姉は悲しげな顔をして、寂しくてたまらないから一緒に行こうと言ってきた。姉の後についてしばらく歩くと、地下へ続く暗い階段が現れた。

　その階段の前で不意に足が止まった。私まで死んでしまったら両親はどうなるのかと心配になったのだ。すると姉は、どんよりとした寂しそうな顔で私を静かに見つめ、心配なら帰れと

言ってきた。その瞬間、私は眠りから覚めた。もしあの時、私が姉を追ってその先へ行っていたら一体どうなっていたのだろう？　これらの夢はすべて、私の無意識の投影でしかなかったのだろうか？　それとも私の知らない別の世界が見えていたのだろうか？　1つたしかなのは、生きている間にできなかった姉との別れの儀式を、夢の中でできたということだ。

　受験日の1か月前から私は病気がちになった。食欲も湧かないし、理由もなく全身から力が抜けて何もできなくなった。今思えば、恐らくあらゆることが怖かったのだと思う。そして世の中や自分自身、さらには悲しみに暮れて受験生の私をないがしろにしている両親に腹が立っていたのだろう。

　紆余曲折の末、医大に入った私は、そこでようやく姉を見送る作業を始めた。大学1、2年生の時は、それこそ悩みさまよう時期だった。自分の信じていた価値観がすべて崩壊した。果たしてこの世に生きていく価値などあるのだろうか？　世の中や無責任な神に対する疑念や怒りに押しつぶされ、深刻な虚無主義に陥っていた。宗教の門をたたいたり、本の中に答えを求めたり、混乱の中から私を救ってくれる人を望んだりもした。そうやって耐えがたい悲しみや怒りがだいぶ薄まり始めた頃、私は1つの結論に達した。それは「待つ」ということだった。

　そうだ、待とう。さまよった末にたどり着く場所がわかるまで、生きるべき理由が見つかるまで……。もし死ぬ瞬間になっ

ても答えがわからなければ、それ自体が答えになるだろう。それまではこの世で感じ取れるものを、できるかぎりすべて感じ取ってみよう。そうすれば、きっと何かがわかるはずだ。

　私は今も待っている。もしかすると今こうして文章を書き、考えを整理する作業も、その「待つ」という行為の一環なのかもしれない。今は姉が夢に現れることもない。姉に関する記憶は色あせたアルバムの中の写真のように、ごくたまに心に浮かんですぐに消えてしまうのだ。私はもうここまで歩んできた。記憶の中の姉は今もまだ制服姿の少女だが、私は時の流れがそっくり体に現れ、白髪交じりのおばあさんになっている。
　若くしてこの世を去った姉の存在を、心の中から送り出す作業はとてもつらいものだった。生前に姉と交わした約束がなかったら、私は自分の足で立っていられなかったかもしれない。まだ少女だった頃、私たちは指きりをして約束した。
「一生懸命に生きよう。そして、必ず社会の役に立つ人になろう。もしどちらかが怠けたり約束を破ったりした時は、お互いに注意しよう」
　この約束は今も時々、弱気になりそうな私を奮い立たせてくれる。姉と過ごした時間は、私にとって何ものにも代えがたい宝物であり、力になっていた。
　別れや喪失は、私たちの意思とは関係なく突如としてやって

くることもあるけれど、そうした喪失の悲しみを乗り越える力
は、その人との思い出から湧いてくるものだ。思い出を胸に留
め、思い出から学びを得るためには、きちんと相手を送り出さ
なければならない。分かれ道の手前で切なく袂を分かちながら。

愛する人を失った人に むやみに言っては いけない言葉

喪失感
大切な人の死

　久しぶりに同級生たちに会うと、遠い昔の思い出話であっという間に時間が経つ。過去を振り返るという行為は、時をさかのぼって私たちを懐かしい当時へと連れていってくれるものだ。とっくに消えたと思っていたものも、すべては今なお私たちの心の中でたしかに息づいているのである。おかげで私たちは、そのつかの間の時間旅行をとおして、自分という人間を確認することができる。

「たしかに、そんなことあったよね。あの時の私はあんなふうで、私たちはこうだった」

　過去を振り返るという行為は、自分が過去に生きていたことを証明することで、逆説的に今、自分が生きていることを確認させてくれるものだ。さらには、そうした長い旅路をとおして今の自分が何者であるかも教えてくれるものである。いうなれば過去を振り返ることは、自分が生きてきた時間と、自分と共に歩んできた人々のほか、自分がどういう人間なのかについてリアルに証明することだ。

　イギリスの小説家サマセット・モームは、「**老年期を耐えがたいものにするのは、精神や肉体の衰えではなく記憶の重さである**」と述べている。年齢とともに増えてくるのは、シワと徐々に蓄積されていく記憶だけだ。「若い頃は」や「昔は」で始まる年寄りの話を聞いて、孫は体を何度もくねらせながら退屈そうにあくびをする。「また、その話か」と思いながら……。

　しかしその記憶すらなかったら、私たちはどうやって老いに耐えればいいのだろう？　サマセット・モームの言葉に反し、記憶を心に留めておくことは、特に高齢者にとってとても重要なことだ。過去について語ることは、老いて弱り、することも失って、過ぎた日々がどんどん無意味になっていくようにしか思えない老人たちにとって、自分が何者であったかを想起させる作業である。彼らは過去を語ることで自らを癒やし、当時とは違う、変化した環境に適応できるようになっていくのだ。

　こうした回想行為は、喪失に対する哀傷においても重要である。愛する人を失った時、その人がいない世界を受け入れることは決して容易なことではない。それゆえ私たちはその記憶を思い出し、その人がたしかにかつて存在し、その記憶は今も残っているということを確かめながら、徐々に別れを告げていくのだ。それなのに、急いでその記憶を消そうとしたら、かえって逆効果になりかねない。ナヨンさんの場合もそうだった。

彼女は常に、自分は親から歓迎されない存在だと思っていた。なぜなら彼女は幼い頃から事あるごとに、お前を妊娠したせいで、したくもない結婚をするハメになったと母に愚痴をこぼされていたからだ。

　彼女は小学生にして、ほとんど１人で弟の世話をしていた。両親が共働きで帰りが遅かったため、他に選択肢がなかったのだ。困った時に助けてくれる人もいなかった。彼女は早々に家を出て実家から遠く離れた職場に通っていたが、いつも家のことが気になっていた。しかし、だからといって頻繁に実家へ顔を出すこともなかった。

　常に漠然とした不安を抱えている彼女は、幼少期のことをあまり覚えていない。断片的にいくつかの出来事を覚えているだけで、それも本当にあったことなのか、自分の想像なのか区別できずにいた。彼女の幼少期はまるで、かすんだ霧の中にあるようだった。彼女は今まで生きてきた中で、地に足が着いているという感覚になったことはないという。自分は風にあおられた落葉や、空を漂う風船のようだったと――

　彼女の問題は、親に関する記憶をありのまま胸に刻めなかったところにある。彼女は両親から愛され守られたいと願っていたが、現実はそうならなかった。彼女の前には、彼女を疎んじ

る神経質な親しかいなかったのだ。すると彼女は悪い親の姿を
記憶するのが嫌で、幼少期のつらい記憶をはなから心の奥に封
印してしまった。彼女に幼い頃の記憶があまりないのは、その
せいだ。思い出せる記憶もなく、胸の中にぽっかりと穴が空い
てしまった彼女は、最終的にふわふわと宙に浮いたような感覚
の中で生きるしかなかった。

　しかし幼少期に望んでも得られなかった「良い親像」に別れ
を告げ、両親の姿をありのままに受け入れた彼女は、ついに地
に足が着いた感覚を得られるようになった。彼女は笑顔でこう
言った。

「私の心の中にも両親の実像ができてきました。きちんと確立
されるまでは、まだだいぶ時間がかかるでしょうけど」

　**十分に悲しんだうえで送り出せば、私たちは失ったものを大
切に胸に刻み、新しいものへ目を向けられるようになる。**記憶
と思い出が大切になるのはそのためだ。それなのにナヨンさん
のように記憶自体を封印してしまったら、かえって逆効果に
なってしまう。思い出を持たない彼女は、ぽかんと宙に浮いて
いるかのようで、いつも不安に駆られていた。

　私たちは時に、愛する人を失ってしまった人に「もう忘れろ」
と言って慰めてしまう。もちろんそれも間違いではないのだが、
忘れたくても忘れられないものはあるものだ。そういう場合は

無理に忘れようと努めるよりも、むしろ旅立った相手を思い起こしたほうがいい。写真や落書き、日記などを広げて旅立った相手について語ること――そうした行為は私たちに、その人がたしかに生きていたという事実を再確認させてくれる。そしてその人がたしかに存在したという事実は、私たちを慰め安心させてくれるものだ。だから旅立った人について、または失ったものについて語ることを恐れてはならない。

　高校3年生の時、わが家では姉の死について語ることが暗黙のうちにタブーになってしまった。私は当時、姉の友人たちとよく会っていたのだが、両親はそれを止めようとした。亡くなった姉のことを頻繁に思い出していたら、私がますます心を乱して路頭に迷うかもしれないと心配したからだ。

　だが、それでも私は姉の友人たちに会って、姉の話をしながら共に泣き腫らした。そうすることで今は跡形もなく消えてしまった姉が、かつてたしかに存在したことを、今も多くの人の心の中で生きていることを確認し、安心することができた。もしかすると、私が姉の死を乗り越えられたのは、こうした回想作業のおかげかもしれない。

　だから無理に忘れようと努めないことだ。旅立った人には、失った何かには、きちんと別れを告げることのほうが重要なのだから。それができれば無理をしなくても、離れていったもの

の記憶はあなたの中で積み上がり、そのうち時々よみがえって、
あなたの今日を振り返らせてくれるだろう。

悲しい時は無理に
強がらないこと

喪失感
悲しみ
寂しさ

　ある人はかわいがっていた飼い犬を亡くした。同じ日、その人の友は愛する恋人から別れを告げられた。さて、こういう場合、どちらのほうが悲しいと断定して話すことはできるだろうか？

　私はこの質問を、突拍子もない場面で思い出した。ある歌手のコンサートを見に行った時のことだ。その歌手はコンサートの途中で急に涙を流し始め、とめどなくあふれる涙のせいで、それ以上歌えなくなった。それを見ていた何も知らない観客がざわつき始めると、彼女は謝罪の言葉を述べるとともに、飼っていた犬が前日に死んでしまい、つらくてたまらないのだと説明した。その時、私の真後ろの席からこんな声が聞こえた。

「かわいそうに。きっとその子のこと、すごくかわいがってたんだろうね。だけど犬が死んだくらいで、あんなに泣くものかな？」

「当たり前でしょ、つらいに決まってるよ……っていっても、犬嫌いのあなたにはわからないか」

　この２人の会話からもわかるように、**他人の悲しみに100%**

共感するのは非常に難しいことだ。犬嫌いな人には犬を亡くした人の気持ちなどわかるはずがないし、どれくらい犬を好きかによっても、その悲しみに共感する度合いは変わってくるだろう。失恋した友達を慰める時も同じだ。失恋で傷ついた経験がない人は、その苦しみがどれほどのものかを推し量ることはできない。それゆえ特に何も考えず、泣くなとか、早く忘れて他の人とつき合えなどと言ってしまうこともあるだろう。

このように他人の悲しみや痛みを100%理解できる人はいない。本人でさえ自分の感情を正確には理解できていないのだから、他人に理解できるはずがないではないか！ しかし、だからと言って、最初から心の扉を閉めて鍵をかけてはいけない。

なぜなら誰かと、または何かと離別するということは、自分を生かしていた対象の消滅を意味するからだ。その人、あるいはそれが満たしていた空間は今、空っぽの荒地になっていて、それにより本人は、誰もいないその場所に１人取り残されたような不安感や、去っていった対象への恋しさ、自分の存在意義まで失いかねない恐怖に襲われているのである。そこで無気力になり、まるで迷子の子どものようになっているのだ。そういう状態の時に１人きりで悲しみに耐えようとしたら、悲しみに溺れて呼吸もできなくなるかもしれない。

だから悲しい時にこそ、友達が必要なのだ。時には１人静か

に悲しみにぬれ、雨に打たれるようにして悲しみを受け止める必要もあるけれど、悲しみの中に長く留まり過ぎては魂が病んで活力を失ってしまう。**自分の力だけで悲しみから抜け出せそうにない時は、強く手を握り背中をさすってくれる友の存在が不可欠だ。**

　泣くという行為は、限りない闇へと私たちを引きずり下ろそうとする悲しみから抜け出すための儀式である。胸の奥深くで淀んでいたものを吐き出し、涙をとおして悲しみを洗い流す作業……。そうやって1つの儀式が終わるようにゆっくりと涙が引いていけば、胸の奥から湧き上がる悲しみは、濁りのない澄んだ水となって、あるべき場所へと流れるようになる。
　つまり、泣きたい時に泣けることは大きな祝福なのだ。そして、それよりもっと大きな祝福は、泣いている自分を見守ってくれる誰かがそばにいてくれることである。重石を乗せられているかのように胸が苦しい時や、将来に何の希望も見いだせず一巻の終わりと思われるような時、突如としてこの世に1人取り残されたような気分になった時に、自分を理解してくれる誰かの手を握り、思い切り泣くことができたなら、問題が何も解決しなかったとしても、心が軽くなるのがわかるはずだ。

　また、誰かを、あるいは何かを失って1人取り残されたよう

な恐怖に襲われた時、隣で誰かが手を握り一緒に泣いてくれれば安心できるものだ。自分の気持ちに共感し、自分を心配してくれる人がいるという事実は、1人ではないということを思い出させてくれる。

　もちろん、その人が失ったものを復活させたり、悲しみを取り除いてくれたりするわけではない。だが少なくとも喪失を十分に悲しみ、恐れることなく受け入れられるように力を貸してくれるはずだ。加えて、その悲しみから自力で抜け出せるように見守ってくれるだろう。そんなふうに悲しみを分け合える存在は、生きる理由を与えてくれる。

　悲しみを分け合う方法は意外と単純だ。ただ隣にいるだけでいい。隣でぎゅっと手を握ってあげればいい。泣いている相手を静かに抱き締め、背中をさすってあげればいい。そうやって一緒に悲しんであげればいいのである。

　だから大きな悲しみを前にして無理に大人ぶったり、強がったりするのは、もうやめよう。子どもの頃、私たちが泣いていると、大人たちはそんなにつらいのかと案ずる前に、いつまでも泣くなと諭してきた。そうやって私たちは、悲しみは隠すべきもの、それを表に出すような人は弱くてダメな人間だと教えこまれてきた。そうなると大人が人前で涙を流すのは恥ずかしいことだという認識が生まれ、つらくても平気なふり、耐えら

れるふりをするようになってしまう。本当は大丈夫ではないし、とてもつらくて苦しいというのに……。

　そういうわけでこれからは、つらくてたまらない時、変に気丈な態度を取らないようにしよう。そんなことをしていたら、心の傷がますます深まるだけだ。私たちの悲しみは人間関係の中から生まれるものである。そして悲しみや苦痛を和らげてくれるのもまた人間関係だ。ゆえに悲しい時は1人でいるのではなく、周りの人と手を取り合って一緒に悲しむようにしよう。一緒に泣いて一緒に悲しみ、自らの心を押さえつける悲しみを少しずつ減らしていくのである。

　思う存分悲しみなさい。
　それが悲しみから抜け出す唯一の道だから
　恐れず大声で泣き叫び、涙を流しなさい。
　涙であなたが弱くなることはないだろう。
　涙をボロボロこぼして、泣きわめきなさい。
　涙は雨粒となって
　傷をきれいに洗い流してくれるから。
　失ったあらゆるものに胸を痛めなさい。
　思う存分悲しみなさい。
　世界中があなたに背を向けてしまったかのように。

傷が消えたら
涙で汚れた過去を振り返り
痛みを乗り越えさせてくれた
涙の力に感謝するだろう。

恐れることなく、思う存分泣き腫らしなさい。

──「思う存分泣きなさい」
　　メアリー・キャサリン・ディヴァイン

まだまだ
長い人生を
健全な心で
生きるために

私が人生の傷痕を
愛する理由

　研修生時代の話だ。小児科に４歳の男の子がやってきた。子どもを抱いた若い母親の後ろからは、深刻そうな顔をした５、６人の大人たちが続々とついてきた。聞けば、その子は話ができないという。少し発達が遅れているだけだと思っていたのだが、４歳になっても最低限の単語をいくつか発する程度で一切会話ができないのだそうだ。

　女系家族ともいえる一家にとって、その子は貴重な男の子だった。しかも同居家族は両親の他に、曽祖母と祖父母に加え、２人の叔母という大家族だ。それぞれがその子についていろいろ語るものだから診察室内は騒々しかった。しばらく診察をしていた課長は、その子は「話せない」のではなく、「話す必要性を感じていない」という診断を下した。たしかに、大事な孫の一大事とばかりに祖父母まで病院に付き添っているのだ。彼らは顔を見ただけでその子が何を望んでいるのか察して、すかさずそれを差し出していた。課長が言っていたとおり、その子は話す必要性が全くない状態だった。黙っていても周りの大人たちが自分の様子をうかがって何でも用意してくれるのだから、

わざわざ話したり泣いたりする必要などなかったのだ。

　このようにすべてが満たされた状態では、子どもは何事も自発的に学んで経験する必要性を失ってしまう。もしその子がそのままの環境で育っていたらどうなっただろう？　その子はいつまでも言葉を覚えられず、家族なしでは何もできない人間になっていたはずだ。

　私たちは欲求が満たされないと心が傷つく。自身が安全に守られていないと感じる時も傷つく。自尊心を踏みにじられ侮辱感や羞恥心をかき立てられた時も傷つく。自分の力でできることは何もないという無力感にさいなまれた時や、誰にも愛されず誰からも求められていないと感じる時も傷つく。

　いうなれば、私たちは何かを強く望むから心が傷つくのだ。人は根本的な生存欲求だけでなく、安全や愛、カッコいい自分のほか、自律性の確保を求めるものだ。だがそうした数々の欲求がすべて完璧に満たされることはなく、他者が持つ欲求と衝突する中で、傷が生まれていく。人はそうした傷をとおして自らの限界に気づき、どうするべきかを学習して、世の中を知り、人生というものを理解するのだ。

　言ってしまえば**傷と喪失は、人生における１つの前提条件であり結果である**。誰だって他者を傷つけ、傷つけられながら生きているものだ。傷のない人生は前述した子どもと同じで私た

ちの思考能力を麻痺させて、成長の必要性に気づく機会を奪い、かえって欠陥のある人間に育ててしまいかねない。

　生きていれば気づかぬうちに手の甲の小さなひっかき傷から、時には命にかかわるほどの大きな傷まで、常に傷を負う危険にさらされている。とはいえ耐えられる範囲の傷は、むしろ私たちを強くしてくれるものだ。危険な感染症に罹患するのを防ぐため、そのウイルスの効力を弱めて体内に注入し、抗体を作るワクチンのように、小さな傷や喪失はいつか襲われるかもしれない大きな傷や喪失への備えになってくれる。

　成長するということ、大人になるということは、古いものに別れを告げて新しいものを迎えることである。慣れ親しんだものや、大切にしていたものと別れるのはつらいことだから、すべての成長には成長痛がつき物だ。そうした成長痛は、私たちが成長し、成熟していくために必ず越えなければならない山である。私たちはその山を越えて初めて、新たなものを迎えられるようになるのだ。

　私たちは日常生活の中で自然と出くわすもの以外にも、頻繁に予期せぬ喪失を経験しているものだ。突然の引っ越しや、親との離別に直面するほか、愛する人を事故で失ったり、病気で健康や体の一部を失ったりする苦痛や不幸に見舞われることもある。夢や希望、プライドや自信、価値観といったものを打ち

砕かれることもあれば、世間や人に対する信頼が崩れ、自分が
身を置く文化や、世界的な指導者、芸術家、英雄といった存在
を亡くすこともあるし、戦争やテロで無数の人々が命を落とす
のを目の当たりにして、人間性が失われることもある。

　予期せぬ大小の傷を負うたびに、私たちの心と体は悲鳴を上
げる。しかし少し時間が経てば血と涙は止まり、開いた傷口は
新たな皮膚で覆われるものだ。そうやって生成された新たな皮
膚は、前よりもっとたくましく、私たちの力を引き出す一助に
もなる。

　私たちは皆、自然治癒力を持っているものだ。どんな怪我や
病気も、克服するのは自分自身である。人は自分にそういう力
があることを知らずにいるだけだ。実際、すべての医学的治療
は傷が再び開かないよう保護し、本人たちが持つ自然治癒力を
引き出す援助をしているにすぎない。私たちは傷を回復させる
過程で自分たちの隠れた力に気づく。そして傷に打ち勝ち皮膚
が再生されると、試練を乗り越えた自分自身に対する喜びと自
負心が芽生える。自分はどれほど価値があって、どれほど大切
な存在なのか自覚するようになるのだ。

　とはいえ、すべての傷には痕（あと）が残るものだ。その傷痕は受け
止め方次第で人生の勲章にもなれば、隠したい恥部にもなる。

私の娘は幼少期に心臓の手術を受けた。娘の胸にはその手術の痕が大きく残っている。かつて娘は、その傷のせいでひどく悩みふさぎこんでいた。私はそんな娘を強く抱き締め、こう言った。

「その痕は重い病気を克服した証しだよ。小さい体で、あんなに大きな手術に耐えるなんて、誰にでもできることじゃない。だからママは、その傷をむしろ誇らしく思ってるよ」

　だが時には、自然治癒力を発揮できないほど大きな傷を負うこともある。そういう時、私たちは人生における他者の協力の重要性を身に染みて感じることになる。人は互いに傷つけ合うこともあるが、互いの傷を包み癒やすこともある。そうした経験は、社会に対するポジティブな信頼感を育み、生きる力を与えてくれるものだ。

　傷は回復する過程で、私たちの中に眠る力を引き出してくれることもある。人は大切なものを失うと、しばらく苦痛の中をさまよいながら失ったもの探し求めてしまうものだ。しかし、それを永遠に失ったと認め諦めてしまえば、心の中で新たな何かが生まれ、失ったものが残した空間は埋められていく。それまでずっと眠っていた創造性が呼び覚まされるのだ。

　そういう時、芸術的な才能がある人は、心を揺さぶるステキな芸術作品を創作することもある。そうではない人たちも新た

な人間関係を築いたり、人生の楽しみや満足を得る能力を増幅
させたりして、ステップアップするものだ。そうやって彼らが
生み出した芸術作品や足跡は、後世の人たちに美を提供するの
はもちろんのこと、どんな喪失も乗り越え克服することができ
るという希望を与えてくれる。

　戦争で被弾し、左手の自由を失ったセルバンテスは、その悲
しみを冒険を楽しむ勇敢な主人公が活躍する小説『ドン・キホー
テ』の執筆によって創造的に昇華した。画家のモネは彼の代表
作である「睡蓮」連作を描いていた当時、退行性の白内障で手
術を受け、どうにかかすかに光を感じる程度まで視力を失った
状態だった。彼らのほかにも身体的な欠陥や機能の喪失を創造
的な芸術に昇華した芸術家や天才は無数にいる。

　もちろん、傷なくして創造性は生まれないなどということは
ない。しかし**喪失や傷によって崩れ落ちるのも自分なら、それ
を糧にして学び成長するのも自分だという事実は忘れてはなら
ない**。取り返しのつかない傷を負ったからといって、しゃがみ
こんで嘆いてばかりいたのでは、大切な現在と未来を失うこと
になる。

　よって私たちがするべきことは、傷が伝えようとする言葉に
そっと耳を傾けることだ。そうすれば、たくさんの声が聞こえ
るようになってくる。そうした声こそが、人生とは何か、予測
不能で不公平な人生の中で何をするべきかを教えてくれるもの

である。それらの声からは、たくさんのことが見えてくる。**経験から学ぶのも自分なら、傷をとおして強くなるのも自分だし、何も学べないまま腐るのも自分だ。**その結果は、私たちが何を聞き、何を望むかによって変わってくる。

1人の時間を作れば
人生の問題の多くを
解決できる

　現代社会を生きることは非常に骨が折れることだ。学ぶべき
ことも多ければ、考えなければならないことも山ほどある。大
量の刺激が入ってくる一方で、それを消化するための時間は絶
対的に不足した状態だ。そのためある瞬間、負荷がかかり過ぎ
たコンピューターのように脳の回転スピードは落ち、頭がうま
く回らなくなる。こういう時は判断力が急激に低下して、重要
な判断を見誤る可能性が出てくる。その上アイデアも枯渇して、
現状維持に汲々とするばかりだ。そうなると、ただ椅子に座っ
ているというだけで、仕事は進まず好ましい結果も出ない。たっ
ぷり寝てもちっとも疲れが取れず、ストレスもたまる一方であ
る。

　そういう時に必要になるのは休息だ。日々無数の刺激に囲ま
れている私たちは、知らず知らずのうちに、たくさんのことを
見聞きして、経験を積み重ね影響を受けている。そうやって**押
し寄せる刺激を、瞬間的な知覚として受け流すのではなく思考
として発展させるには、考えを整理するための1人の時間が必**

要だ。食後しばらく体を休めると食べ物の消化が良くなって骨や肉の形成が促進されるのと同じように、押し寄せる刺激を理解してかみ砕き、精神の形成を促進させるには、刺激を消化するための余裕が不可欠なのだ。

　ゆえに脳に負荷がかかり過ぎていると思った時は、一旦すべてを停止して休息を取らなければならない。それ以上の刺激が入るのを防ぎ、脳がそれまでに受け取った情報を整理して、既存の情報と統合するための時間を作るべきだ。

　そうした理由からビル・ゲイツは年に2度、アメリカ西北部にある別荘で1週間の「思考週間 (Think Week)」を過ごしている。社員はもちろん、家族の訪問も断って1人だけの時間を作りリフレッシュするのだ。マイクロソフト社の重要な事業構想は、すべてこの時間で作られたといっても過言ではない。

　だが思いのほか、休むべき時にきちんと休める人は多くない。一部の人たちは休み自体を上手に受け入れることができないのだ。何もせずリラックスする時間に耐えられないのである。彼らは働いていない時間も休むのではなく、多少なりとも意味のある生産的な何かをするべきだと考える。そのため休み時間もじっとしていられないうえに、絶えず新しい何かを吸収しようとしてしまう。外部のあらゆる刺激から完全に距離を置くことができないのだ。すると心身が常に張り詰めた状態になり、脳

はオーバーヒートして、ついにはバーンアウトしてしまう。

　リラックスして休息を取ることは、決して時間の無駄ではない。より良い人生を歩みたいのなら、時々無理にでも刺激のすべてを遮断して、1人だけの時間を作るべきだ。携帯電話の電源を切り、誰にも邪魔されない空間へ行き、あらゆる刺激から自分を守って脳を休める。そうやって**疲れた脳が活気を取り戻し、自由な発想ができる状態を整えてやるのである。**

　すると、複雑に絡み合っていた思考がほどけてシンプルになり、疲れた体が回復し、心も楽になる。凝り固まった思考の足かせから解放され、いつもなら思いつかないような発想や、二の足を踏んでしまいそうなアイデアも浮かび、よりクリエイティブなものをひらめくようにもなるのだ。

　一方、頻繁に海外一人旅をしている人たちが、口をそろえて言うことがある。「旅は家へ帰るためにしているのかもしれない」というものだ。知らない土地で知らない人に会い、新たな経験をするのは楽しいが、だんだん時間が経ってくると、どういうわけか家や日常、ふだん一緒にいる人たちが恋しくなってくる。出かける前はあんなにうんざりしていたのに、すべてが恋しくなってくるのだ。すると、いつもそばにいた人のありがたみが改めてわかるようになる。そして、一緒にいる時は当たり前だと思っていたことにも感謝の気持ちが湧いてくる。それ

ゆえ旅の終盤になると家へ帰りたくなり、身近な人たちに会いたくなってくるのだ。

　そういうわけだから、疲れて誰にも会いたくない時は、心の声に耳を傾けることだ。1人で考えをまとめる時間を求めて心が信号を送っているのだから、そういう時は仕事の手を止め、家族や愛する人たちとも離れ、短くてもいいから1人で過ごす時間を作るといい。

　大きな喪失に直面した時も同じだ。児童小説『小公女』で主人公のセーラは生まれてすぐに母を失い、その後、父も亡くしている。プリンセスのように気高く育ったセーラは、彼女を用なしとみなした学院長から突如として屋根裏部屋へ追いやられ、使用人にされてしまった。セーラに降りかかった試練は成人した大人でさえ耐えがたいものだが、彼女は決して尊厳を失わない。それどころか、むしろ同じ境遇にある周りの人たちに力を貸した。

　幼くして両親と死別し、使用人になってもなお人生を悲観せず、希望を失わなかったセーラの原動力は何だったのだろう？それは、他でもない屋根裏部屋だった。みすぼらしい部屋ではあっても、彼女は自分だけの空間で1人独自の空想を働かせながら世界を広げることにより、現実世界の苦痛を乗り越え、悲しみを鎮めることができたのだ。

　大きな喪失に直面した際、自分だけの空間において1人で過ごす時間は必要不可欠だ。私たちは1人の時間をとおして記憶を整理し、自分に降りかかった喪失の意味を理解して、去っていった対象を永遠に心に刻む作業をする。失恋や死別を経験した人たちが、一定期間部屋に籠もり、屍のごとく布団にくるまってばかりいるのも、そのためだ。そうすれば大抵の人たちは悲しみをうまく鎮めて再び立ち上がり、より成熟した姿で自分の道へと戻れるようになる。

　ところが1人でいることを恐れ、十分に悲しみを体感しないまま、すぐに新しい人を探したり、別のことに没頭したりしてしまうと、悲しみはかえって尾を引くことになる。失恋は新たな恋で忘れるものだという言葉もあるけれど、悲しみが消える前に別の人とつき合ってしまうと、無意識のうちに心に積もっていたうっぷんや怒りを新たな相手に吐き出してしまい、自ら関係を壊しかねない。だから**耐えがたい喪失に直面した時は、無理に人と関わろうとせず、静かに1人で過ごすことだ**。悲しみをきちんと鎮められれば、自然と誰かに会いたくなって、相手のすべてをきちんと受け入れられるようになるだろう。

　文化心理学者キム・ジョンウンは、著書『遊んだ分だけ成功する』(未邦訳)で次のように述べている。

「イヌイットは心に悲しみや不安、怒りがこみ上げた時、意味もなくただ歩くという。悲しみが鎮まり不安や怒りが消えるまでひたすら歩いて心が落ち着きを取り戻したら、そこで振り返り、その地点に棒を立てるそうだ。その後また日々の暮らしの中でどうしようもなく腹が立って歩いた時、途中で以前立てた棒を見つけたら、ますます生きづらくなってきたということであり、棒に出くわさなければ、なんだかんだで耐え得る人生ということになる。休息は人生の棒を立てることだ。心の中の自分とどこまでも話し合い、穏やかさを取り戻すまで歩き続け、その地点に棒を立てて戻ることである」

　つらくなった時は、しばらくすべてを停止して、自分自身に1人の時間を与えるだけでも、人生における問題の多くが解決するのを実感するだろう。そして気づけるようになるはずだ。あなたが無理にしなくてもいいことや、無理に会わなくてもいい相手、さらには今後するべきことと大切にするべきことに。それが、あなたに1人の時間を積極的にすすめる理由である。

結婚した子どもたちに、たった1つ伝えたいこと

結婚
夫婦関係

「おばあちゃん、おばあちゃん！」

　2階の書斎で座っていたら、バタバタと階段を上りながら、そんなふうに私を呼ぶ声が聞こえた。かわいい初孫の声だ。続くのは娘の声である。

「スンホ、走っちゃダメって言ったでしょ」

　私はその声を聞いてほほ笑んだ。5年前、娘は子どもを産んで母となり、おかげで私はおばあちゃんになった。生まれてすぐに大病を患い、私をハラハラさせた娘がいつのまにか母になり子育てをしている姿を見ると、なんだか胸がジーンとする。

「お義母さん、お邪魔します」

　これは下の子を抱いた落ち着きのある婿の声だ。ここまで来たら、そろそろ最後の声が聞こえる番である。

「お義母さん」

　嫁には感謝するばかりだ。今年の初めに息子が結婚したことで、私には嫁ができた。

　先日、結婚40周年を迎えて家族が一同に集まった。40年と

いう数字自体には特別な感慨はなかったけれど、この40年が１人の男の妻として、また嫁として始まり、２児の母を経て、義母、祖母という新しい役割を与えられていく時間だったと考えたら感慨深かった。

　正直なところ、うちの子たちもいつかはウェディングドレスやタキシードを着る日が来るだろうと考えたことはあったが、そこまでリアルには想像できていなかった。子どもたちが誰かの配偶者になって私から離れる日など本当に来るのだろうかと思っていたし、自分がきちんと子離れできるかも心配だった。だが、それもやはり杞憂(きゆう)にすぎなかった。子どもたちは立派にパートナーを見つけて巣立ち、娘はすでに２児の母になっていて、息子も間もなくパパになる予定だ。だから私はもう子どもたちを心配していない。今までそうしてきたように、ただ自分の人生をきちんと歩まなければと思うだけだ。

　近頃の若者たちは結婚したらあらゆる犠牲を払わねばならず、結果として自分を失うことになりそうで結婚を恐れているという。しかし、私の見解はむしろその逆だ。私は結婚したことで自らの自我をより確立することができた。母として、医師として、妻として、嫁として、娘として、１人５役をやり遂げることに、当時は「キツい」を通り越して、もはや「やりきれない」とさえ思っていたけれど、それを乗り越えていく中で、極限状

態でも自分を制御する力がつき、寛容さも増していった。他者との折り合いがつかず、やりたいことを思い切りできないからといって自分を失うことは決してない。むしろ自我は、人と共存することで思いがけない方向にさえ枝葉を伸ばして成長するものだ。

　そういう意味でいうと結婚は、２人の人間が出会ってより豊かな人生を作り出していくことだと思う。その過程では幾多の対立やいざこざも発生するが、それらをうまく調整できれば、結婚生活は何ものにも代えがたい充実感を与えてくれる。

　これまで夫婦の葛藤を抱えて私の元を訪れた人たちの口から最も多く聞かれた言葉だ。
「夫（妻）は結婚してから今までずっと、何も変わってないんです」
　人というのは本来そうそう変わるものではない。にもかかわらず相手が自分とは異なる人間であることを認められずに、無理やり自分の思いどおりに変えようとしたら、幸せは跡形もなく消えてしまう。自分の性格すらなかなか直せない人間が、どうやって相手の性格を変えるというのだろう。相手をありのままに見つめる努力をしてこそ、夫婦関係は円満になるのである。
　それに、**この世には問題がない人などいない。自分にとって「目をつぶれる範囲の問題」を持つ人がいるだけだ。ゆえに**

結婚後は、相手の問題を何とかして正そうと努めるのではなく、その問題を自分がどう受け止めるかを考えなければならない。アメリカの政治家ベンジャミン・フランクリンが言うように、結婚前は大きく目を見開き、結婚後は半分ほど目を閉じるべきなのだ。相手の短所に注目し始めたら、結婚生活は一瞬にして地獄と化してしまう。

　40年間の結婚生活を振り返ると、私にとって結婚は１日のうちに何度も天国と地獄を行き来する行為だった。そして鋭い言動で互いに傷つけ合いながらも、次の瞬間にはケロッと忘れて笑い合える関係こそが夫婦だった。そんな日々を経て今、私が最も後悔していることを挙げるとするなら、無駄な責任感で自分自身を追い詰めていたことである。

　夫婦関係の崩壊を恐れて、あるいは疲れている相手を煩わせるのが申し訳なくて、ぐっと我慢してしまう人も少なくない。もちろん我慢したほうが得な場合もある。とはいえそれも度が過ぎれば、かえって配偶者との間に感情的な溝を作るだけだ。私もそういうタイプの人間だった。

　義両親との関係に悩みながら２人の子どもをほとんど１人で育てていたから、私が相当ストレスをためていることは夫も当然知っていると思っていた。そうやってわかっていながら気づかぬふりをしていると考えて、夫を本気で恨んでいたのだ。と

ころがあとで聞いてみると、夫は私がそこまで苦しんでいたなんて全く気づいていなかったという。それどころか何も言わないのにわかるわけがないと言ってへそを曲げてしまった。その瞬間、私は気が抜けた。私はどうして大変さを訴えなかったのだろう？　もしかすると夫が私の気持ちを察して自ら協力してくるのが筋だと思いこんでいたのかもしれない。私だって、夫がどういう時につらい思いをしているか知らないというのに……。

　こういうことがあるから会話は重要なのだ。**家計にまつわる話や子どものこと以外にもお互いの話をしなければならないのである。つらいならつらいと伝えて、訴えるべきことは堂々と訴え、問題があれば力を合わせて解決するべきなのだ。**そうすれば互いに誤解して胸を痛める事態を避けることができる。

　しかし会話をしなければ、どうしても誤解が生じるものだ。誤解は相手への恨みとなるほか、努力しているのも犠牲を払っているのも自分だけだという思いこみにつながる。だがすべての人間関係は相互関係の上に成り立っているものだから、片方だけが100％犠牲になるということはない。相手もそれなりに譲歩している部分があるはずだ。それなのに相手の意見も聞かないで、自分だけが犠牲になっていると思いこみ不平不満を並べたら、相手が怒るのも無理はない。それが夫婦げんかに発展するのも一瞬だ。だから自分だけが犠牲になっているような気

がする時は、ひとまず高ぶった感情を鎮めることだ。**どんな時も、まずは相手の話を聞くことが先決である。**

　最後に、結婚生活はそもそも大変なものだ。恋愛が遠くから山を眺めることだとしたら、結婚はその山を登ることである。遠くから見ていた時には気づかなかった相手の長所や短所を隅々まで見つめるのが結婚生活だ。そこに生活上の問題まで重なれば、頭を抱える事態も当然増えてくる。とはいえ時には耐え、時にはけんかもしながら賢く山を登る中で得られる安らかさは格別だ。だから、ステキな人に出会い結婚したなら自然と幸せになって、つらいことも起きないだろうという幻想は捨てることだ。労せずして山を登ろうなんて、単なるわがままでしかないのだから。

　これまでの結婚生活において私も数々の危機を経験してきた。特にパーキンソン病によって体の自由が失われていく中、複数回にわたる手術を受け、経営するクリニックを畳むまでは、なかなか平常心ではいられなかった。それでも夫が私の体調を気遣い、手術後は必ずそばにいてくれたことがとても心強かった。これからさらに年を重ねれば、ますます体は動かなくなり、私の周りからは1人2人と人が離れていくはずだけれど、夫と私はいつまで互いのそばにいられるだろう？　一寸先はわからないから、感謝の気持ちは募る一方だ。

　そういうわけで結婚したわが子たちには、良き配偶者である
ことを相手に強要する前に、まずは自分が良き配偶者になれる
よう努めてほしいと思う。良き配偶者になるためには、とにか
く「４の法則」を覚えておくことだ。科学ジャーナリストのジョ
ン・ティアニーによると、**悪い出来事を１つかき消すには、う
れしい出来事を４つ経験する必要があるという。**人間は得てし
て良いことは簡単に忘れる一方で、悪いことは長く覚えている
からだ。したがって**良い関係を維持したいなら、相手が好む言
動をたくさんするよりも、相手を傷つける言葉を慎むことのほ
うが重要だ。**ゆえに、配偶者が嫌がることはしないように気を
つけること。それが私からの唯一のアドバイスだ。

幸せな大人とは、時々子どものように遊べる人だ

葛藤

渇望

喪失感

　子どもの頃、私はままごとが大好きだった。母が捨てた化粧品の空瓶を宝物のように大事にして、欠けたお皿や貝殻を集め、食卓に見立てたりした。そうして近所の子どもたちを集めては、お母さんやお父さん、お姉ちゃんに赤ちゃん、先生、店員さんなどそれぞれに役を割り当て、ままごとに熱中した。

　配役が決まると食卓に並べる料理を作った。石を3つ並べてかまどを作り、そこに鍋を載せたら砂と水を入れて米を炊く。摘んできた草でおかずを作り、こねた泥で餅を作って……。そんなふうに遊んでいると、いつももめ事が起きた。途中で別の役に変えろと言い出す子が現れ、自分も仲間に入れろとあとから割りこんでくる子も出てくる。時には、みんながみんなお姫様や王子様になりたがり、涙のけんかで終わることもあった。しかし、それが奇想天外な面白い遊びに発展することも多かった。そうやってしばらく遊んでいると、本当の母から夕飯の時間だから帰ってこいと声がかかる。すると私たちは道具を片づけ、後ろ髪引かれながらままごとを終えた。

　ままごとだけではなかった。当時の私たちは実にたくさんの

遊びをした。鬼ごっこや、だるまさんが転んだといった体を使う遊びから、じゃんけんや、ごっこ遊びに至るまで、絶えず新たな遊びに興じていた当時を振り返ると、思わず笑みがこぼれてくる。ああ、あの頃に戻れたらどんなにいいだろう。とにかく私はそうした無数の遊びをとおして社会を学んだ。生きる術やルールを覚え、友達づき合いや譲り合い、相手に勝つ方法などを習得した。腹が立つことや、納得できないことが起こった時には、遊びをとおして気分転換することもあった。私はそういう中で少しずつ成長していったのだ。

遊びは完全なる現実でもなく、単なるファンタジーでもない、その中間に属するものだ。ゆえに私たちは現実のある部分を切り取って遊びを作り、それがまるで現実であるかのように振る舞う。遊びをとおして過去に戻ったり、未来へ行ったりすることも可能だ。赤ん坊になったり母親になったりするのである。現実的に不可能なことも遊びの中では思う存分できる。

それゆえ私たちは遊びを始めた瞬間、幼い子どもに戻ることを許され、これまで抑えこんできた自分の中の幼稚で本能的な欲望を心ゆくまで吐き出せるようになる。すると緊張や不安が消えるのと同時に、解放感や喜び、楽しみを感じられるようになる。

このように遊びは長い人生の中で私たちが経験するべき葛藤

や剥奪、喪失、渇望などを処理するにあたって重要な役割を果たしている。対人関係の構築や維持においても大事なベースとなるものだ。特に**年齢が近く、人生の問題を共有している者同士の集いや遊びは、彼らの心の中にある葛藤や孤独を癒やしてくれるものである。**

　そのため遊びは、私たちが成長し生きていくうえで欠かせない要素だ。それは仕事や恋愛と同じくらい、人生において重要な位置を占めている。遊ぶ力は、精神衛生上の重要な指標なのだ。

　ところが私たちは大人になるにつれ、徐々に遊び方を忘れてしまう。「この年で……」、「恥ずかしい」と言いながら、澄まして体面を守ろうとして、思う存分遊ぶことができなくなるのだ。だが**遊べない人は不幸だ。それでは人生がくれる最も大きな楽しみの1つを逃して、そのうち笑顔まで失ってしまう。**

　だからどんなに年を取ろうとも、時には大人の荷物を下ろして遊ぶことが必要だ。子どものように、のびのびと自分を解放し、けらけら笑って楽しむのだ。それでこそ気持ちがリセットされて、現実に戻ったあとも楽しく生きられるようになる。

　私はたまに子どものように遊びたくなると、友達に連絡を入れる。仲間と一緒におしゃべりしていると、大した話でなくてもなんだか笑えてくるものだ。時には、いたずらを仕掛けて冗談も飛ばしている（ちなみに私は笑いの打率が比較的高く、そのことを

とても誇りに思っている)。そうやって、くだらない話でひとしき
り笑ったら気分が良くなるものだ。自分がパーキンソン病だと
いうことも忘れ、64歳のおばあさんだということも忘れるほ
どに――

　そういうわけで私は、**「私たちは年を取ったから遊ばなくな
るのではなく、遊ばないから年を取るのだ」**という劇作家ジョー
ジ・バーナード・ショーの言葉に全面的に同意する。

40歳を過ぎて
最も必要なのは
体力だ

衰え

焦り

無力感

　以前は人から体力を褒められ、こんな質問を受けることも
あった。

「何か運動でもしてるんですか？」

「いいえ、普通に息をしてるだけですよ」

　すると相手は生まれ持った私の体力を羨み、私は肩をすくめ
た。患者には体が健康であってこそ心も健康になれると話し、
運動の必要性を力説しておきながら、医師である私自身は自分
の体を疎かにしていたのだ。

　しかし42歳でパーキンソン病と診断されると、一気に目が
覚めた。私はそこから運動を始めた。初めは漢江で１、２時間
程度ゆっくりとジョギングをした。最初のうちは10分走った
だけで顔が真っ赤になり、息も上がってつらかったが、毎日少
しずつ走っていたら、いつのまにか足が鍛えられた。パーキン
ソン病が進行して走ることができなくなってからはウォーキン
グに精を出した。パーキンソン病患者として22年経った今は、
誰かの支えなしには１歩踏み出すことも難しい状態だけれど、
それでも毎日欠かさず１時間程度の運動を続けている。

　体を動かしている時は動作自体に集中できるので、頭の中がすっきりしてくる。姿勢や呼吸に意識を向けて汗を流し、腕と足と肩を動かすことに注力していると、生きているということを全身で感じられる。もちろん指も思うように動かないので、スマホで「ＯＫです」の４文字を打つのに10分以上かかることもあるが、それをやり遂げたあとは実に気分が良くなる。先日、旅行先のペンションで、横幅60mほどのテラスを端から端まで誰の助けも借りずに１人で歩ききった。もちろん、そのせいで滝のような汗をかいたものの、自分を誇らしく思うことができた。

　担当医たちの話によると、私がここまで持ちこたえられたのは、欠かさず運動を続けてきたおかげだという。私も同じように思う。そうやって頑張ってきた結果、私は命をつなぎ留め、２人の子どもの結婚式や、かわいい孫たちも見ることができた。また体を動かすと、爽快感や達成感が得られて、その日１日を生き抜く力も湧いてきた。そうした理由から、私はいつからか運動礼賛論者になっていた。

　それでも、私は知っている。私がどんなに運動の必要性を訴えたところで、人によってはちっとも聞く耳を持たないはずだ。私だってきっとパーキンソン病になっていなければ、今も運動

とは縁遠い生活を送っていたかもしれない。

　しかし特に病気がなかったとしても、40歳を過ぎれば体力が急激に落ちるのを実感するものだ。酒を飲んだ翌日の回復スピードが以前とは違う気がするし、白髪が増えて肌もたるみ、腹回りの肉は日に日に増えていく。少しでも無理をしようものならすぐにバテてしまうし、何もかもが面倒で取り組む前からげんなりする。

　そうすると新たな挑戦を避けるようになるだけでなく、与えられた仕事を片づけることさえ億劫になってくる。当然ながらその分だけ人に当たり散らすことも増えるだろう。そうでなくても気持ちは焦るし、仕事は山積みなのに体は言うことを聞か

ず、仕事も人間関係も何かとつまずくようにな
る。そうなれば無力感に襲われて人生に疑問が
生じるものだ。

　ゆえに40歳以降の人生を充実させたいのなら体力作りは必
要不可欠だ。**生まれ持った体力でやり過ごせる時期が終わった
ことを認め、落ちていく体力を補強するべく積極的に行動しな
ければならない。**よって体の調子が以前とは違うと感じたら、
それ以上その信号を無視しないでほしい。

　手遅れになる前に体が送るシグナルに耳を傾け、エネルギー
が足りないと感じたら、あらゆることを後回しにしてあなた自
身をケアすることである。この世で最も大切な存在はあなた自
身なのだから、もうこれ以上自分を放置してはいけない。昔は、
自分のために何をしているかと聞かれても何も答えられなかっ
たが、今は自信を持って言える。私は自分のために運動をして
いると。

できるだけ相手を
傷つけない方法

心の傷

　私の記憶の倉庫には、これまで受けてきた傷がすべて積み上げられている。幼い頃に見た色あせた映画のワンシーンのごとく、ぼんやりと残るつらい記憶から、あちこちに点在する到底忘れられそうにない悔しい記憶、ぬぐえない傷を負わせて去っていった人たちに関する記憶、何でもないことで感情的になり心を痛めた記憶——そうした記憶を振り返ると、自分の体が傷だらけになっているかのような錯覚に陥る。

　なぜ私たちは良いことよりも悪いことをしっかり記憶してしまうのだろう？　よくよく人生を振り返ってみれば、良いことのほうがはるかに多かったのに。それに私たちは自分が傷ついたことはよく覚えていても、相手を傷つけたことには気づかないものだ。

　「私が傷つけたって言うの？　そっちが繊細すぎるだけじゃない？　そんなつもりで言ってないし。っていうか、むしろ傷ついてるのはこっちなんですけど」

　だが、もしかすると人は「傷ついたこと」よりも「傷つけた

こと」のほうが多いのかもしれない。私たちは弱い人間だから、時として環境の影響を免れないものだ。耐えがたいほど厳しい事態に直面すれば、いくら大人でも恐怖と不安に押しつぶされる。そして自分の足で立つことさえ難しい状況下では人を気遣う余裕もなくなるので、無意識のうちに近くにいる人を傷つけてしまう。私にだって、そういう面がないとはいえない。

　私の場合は特に、上の子に対して申し訳ないことをたくさんしたと思っている。下の子が生まれてすぐに心臓病とわかって苦しんでいた頃、私は不安と睡眠不足と慢性疲労が重なって極度に疲弊し気が立っていた。急に病気の妹が生まれて戸惑う上の子をフォローするだけの気持ちの余裕がなかったのだ。そのせいで上の子にはいちいち声を荒らげてしまったし、知らず知らずのうちにたくさん傷つけてしまった。今もあの時の上の子の気持ちを思うと胸が痛い。他の人に対してもそうだ。己の欲と愚かさによって、どれだけ家族や周りの人たちを傷つけてきたことか。

　時には相手のために一生懸命になることが、かえって相手を傷つける結果を生むこともある。自分としては愛ゆえにした言動でも、配偶者や家族、友達にとっては刃になり得るのだ。

**　人間はいつだって不可能なことを夢みている。欲しいものを**

求めて駄々をこね続ける子どものように、私たちの欲望は満足を知らず常により多くを求めてしまうのだ。そのため人が集まれば、けん制や争いがひっきりなしに起きる。フランスのある社会学者はこう語っている。

「人は仮に憎しみや怒り、または相手を傷つける意図が一切なかったとしても、単に自分の存在を表現するだけで他人を傷つけてしまうことがある」

　例えば初対面の相手と話す時、場を和ませるつもりで手のかかるわが子をネタに「まったく、子どもなんて産むもんじゃないですよね」と言ったとしよう。この時もし相手が、子どもを切に望みながら子宝に恵まれず、5年の月日を過ごしている人だとしたらどうだろう？　そういう場合、こちらに傷つける意図はなくても相手の顔は引きつるに違いない。

　ワンルームの賃貸マンションで細々と暮らしている人からすると、江南(カンナム)の超高級マンションに住んでいる人は、それだけでもんもんとした感情を抱かせかねない存在だ。不幸な幼少期を過ごした人は、両親と仲がいい友達から聞かされる愚痴がひたすら羨ましくて、心の片隅に痛みを覚えているかもしれない。

　こうした、どうしようもない傷からお互いを守るためには、相手の感情に対する共感と気遣いが必要だ。ここでいう**「共感」**とは、相手の悲しみや喜びを一緒に感じ、その感情をとおして相手を理解することである。

　とはいえ共感と同情は全くの別物だ。同情が二次元的な感情だとすると、共感は三次元的な感情である。同情は相手の悲しみや不幸といった感情を、自分の感情のごとく捉えて一緒に悲しみ怒ることだ。それにより相手と一体になったような感覚は抱くものの、それで終わりである。

　一方で共感は、感情が同一化するだけにとどまらない。相手の感情を共に感じたあとで再び自分の気持ちに立ち返り、相手の心情を推し量るのだ。そうして、なぜその人がそういう事態に至ったのか、状況を深く理解して相手に必要なものを探るのである。

　このように他者に共感できる人は、自分とは異なる相手をありのままに認め、相手も自分と同じように傷つきやすい人間であることを理解して傷つけないように努める。そして傷つけてしまったにもかかわらず、ずっとそばにいて自分を愛してくれる相手に深く感謝するのだ。そうした姿勢を持って築かれる関係は、もしかすると私たちに結べるベストな関係なのかもしれない。しかし私たちの心には、相手とそれ以上分離することなく永遠に1つになりたいという欲求や、自分が持つあらゆる不満を相手に受け入れてほしいと願う子どものような身勝手さが絶えず存在している。それゆえ互いに対立し、傷つけ合ってしまうのだ。

よって人が自分を傷つけてきたように、自分も誰かを傷つける可能性があるということは承知しておくべきである。自分がその傷によって激しい痛みと苦しみを覚えたように、相手も自分が与えた傷のせいでひどく苦しんでいる可能性があることを忘れてはいけない。そして自分と相手の感情にできるだけ共感し、相手を気遣い傷つけない努力をすることが必要だ。最後に、私たちはどうしたって絶えずお互いを傷つけてしまう、至極人間くさい存在であることを認めることだ。それこそが、互いに与える傷を最小限にとどめる方法である。

私はこんなふうに
年を取りたい

　私たちは加齢によって失うものと得るもの、どちらのほうが多いのだろう？　まずは加齢によって失われていくものを考えてみよう。

　若さ、ハリ、黒髪、体力、健康、情熱、性機能、記憶力、(死別に伴って) 友人や配偶者、人生に残された時間……。

　では逆に加齢によって増えるものには何があるだろう？

　年齢、子孫、シワ、腹回りの肉、シミ、頑固さ、小言、激情、悔恨、捨てるべき家具や衣服、孤独感……。

　加齢によって増えるものもたくさんあるが、その中でポジティブなものを挙げようとすると、ほとんどないように思う。

　かつては年輪を重ねた年長者たちの知恵が、下の世代の人生において重要な指針になった。そのため若者は困難に直面する

と必ず集落の長老を訪ねてアドバイスを求めたし、長老は日頃から敬われていた。

　私たちが死の存在を認知してもなおこの世で生きていられるのは、自分たちが死んでも後世の人々をとおして自分たちの人生も続いていくという確信があるからだ。自分が蓄えた知恵は後世に受け継がれるだろうという確信は、個人の人生に一層の責任感を与える。過去から未来へと続く連続した時間の中に自分も属しているという感覚は、それだけ重要なものなのだ。

　とはいえ現代のように急速に変化する時代では、過去の知識はすぐに意味を成さなくなる。科学技術の飛躍的な発展が、前世代の知識を使いものにならなくしてしまうからだ。そのせいで年長者の考えは古くさいものとされ、誰からも耳を傾けられなくなる。

　このように歴史的な連続感を失ってしまった人々にとって老いることは、若さや美しさ、名声のほか魅力を失って、役立たずに成り下がることを意味する。そのため人類学者マーガレット・ミードは30代以上の人々に対し、よくこう言っていたそうだ。

「私たちは皆、若者たちの世界へと移り住んだ移民だ」

　移民たちが現地の人たちに交じって生き残るためには、かなりの労力が必要だ。だが悲しいことに年を取れば取るほど、新たなスキルを習得し、ついていくのは難しくなる。するとある

瞬間にすっかり置いていかれて、ついていくことを諦めるようになる。その結果、**いつしか老いることは死よりも恐ろしいものになるのだ。**すると世間から向けられる否定的な視線に抗うエネルギーも楽天性も失ったまま、良い時期はとうに過ぎ去り、もはや悪いことしか待っていないような気がしてくる。それゆえ人は長生きしたがる一方で、老いることを望まないのだ。

　しかし、果たして本当にそうだろうか？　老年期の人生は私たちにとってオプションとして余った時間、文字どおり「余生」にすぎないのだろうか？　そうした理由のせいで徹底的に目をそらしたくなる恐ろしい現実でしかないのだろうか？

　ある日、詩人ロングフェローは熱心なファンからこう言われた。
「おおっ、久しぶりじゃないか！　それにしても君は変わらないな。何か秘訣でもあるのかい？」
　ロングフェローは庭にある大きな木を指して答えた。
「あの木を見てみろ！　もはや老木だというのに、ああやって花を咲かせ実までつけているだろ。それができるのはあの木が毎日多少なりとも成長しているからさ。私だって同じだよ。年を取っても毎日成長しようと思って生きているんだ！」
　このように老人は決して「終わった存在」ではない。**人は生きているかぎり、常に成長のための新たな課題を与えられてい**

るのだ。よって人は死ぬまで絶えず鍛えられ、再編成され矯正される。つまり私たちは老いてもなお、成長や発展を遂げられるのだ。人生の各段階が新たな変化の機会を提供してくれるからである。人格も同様だ。70、80、90歳を過ぎても変化し続けていく。その際、老いを捉える姿勢次第では、人生を「惨めで悔いばかり残るもの」ではなく「いつまでも希望と変化がある能動的なもの」にすることもできる。

　アメリカのハーバード大学心理学部教授エレン・ランガーは、1979年のある日、地元の新聞に70代後半から80代初めの男性たちを募集する広告を出した。心の時計を20年前に戻した場合、人の体にどのような変化があるかを調べるためだ。

　エレン・ランガー教授はある修道院を20年前の1959年と同じ環境にして、被験者に１週間、1959年当時に戻った気分で暮らしてもらった。被験者は「ベン・ハー」や「お熱いのがお好き」といった映画を鑑賞し、ラジオでナット・キング・コールの歌を聞き、当時の時事問題について討論した。その際、彼らは家族やヘルパーの介助なしに自分で食事のメニューを決め、調理や皿洗いなど身の回りのことを自分１人で行わなければならなかった。

　すると１週間後、驚くことが起きた。被験者全員が実験前より若返ったのだ。視力や聴力、記憶力も向上し、知能が高まっ

て歩く姿勢も良くなった。誰かの支えなしでは歩くのも難し
かったある老人は、杖なしで背筋を伸ばして歩き始め、また別
の老人は、フットボールの試合にまで参加できるようになった。
「心の時計の針を巻き戻す実験」と呼ばれるこの研究は、物理
的な時間を戻すことはできなくても、心の持ちようでいくらで
も若々しく生きられるという事実を立証したことで、世界中の
心理学者と行動経済学者から、老化と肉体の限界に挑戦する革
新的な心理実験として絶賛された。これについてエレン・ラン
ガー教授は次のように述べている。

**「私たちの限界を決めているのは、肉体そのものではなく、む
しろ頭の中身のほうだ」**

　つまり同じ70歳でも、その年齢をどう捉えるかによって若々
しく生きることは十分に可能というわけだ。例えば何をするに
も年齢を考え、年齢を意識している人は、身体的な状態とは
関係なく70歳を「老いて何もできない年齢」と考えているため、
受動的で依存的な生活を送ってしまう。反対に同じ70歳でも、
年齢を聞いて驚いてしまうほど若々しい人たちは想像以上に多
いものだ。彼らは自分の年齢を大して意識していない。**ただ一
生懸命体を動かし、新しいものを学び、趣味を楽しんで活気あ
る毎日を送っているだけだ。**
　したがって健康に年を取りたいのなら、自分の身体年齢にあ

まり固執しないことだ。70歳になろうが80歳になろうが、年齢とは関係なく「**昨日より今日、今日より明日と少しずつ成長する自分**」を念頭に置いて生きるのである。実際、延世大学哲学科の名誉教授キム・ヒョンソクは、「100歳まで生きてみたら60歳までの自分は未熟だったし、自分の人生における黄金期は、65歳から75歳だった」と語っている。

　また、エレン・ランガー教授の実験からもわかるように、**年を取っても可能なかぎり自力で日常生活を送ったほうがいい**。心の時計の針を巻き戻す実験に参加した老人たちは、そのほとんどが子どもと同居していた。彼らにとっては自宅も自室も完全には自分のものではなく、いつからか身の回りのことも家族に頼りきりになっていた。自分で決断したり実行したりすることがほとんどなかったのだ。そうした受動的で依存的な人生では、どうしたって無気力になる。

　実際にアーノルドという被験者は、実験に参加するまで何もやる気が起こらないし、体を動かすことは何もしていないと答えていた。ところが彼は1週間、身の回りのことを自分でしなければならない環境に置かれると、食事の準備や後片づけを進んでやるようになった。心の時計を20年前まで巻き戻し決定権を手にしたら、無気力な人生から脱して自発的で能動的な生活を送れるようになったのだ。このように人生の舵を自ら切っ

ているという感覚、すなわち自らの人生の主導権を握り、それを行使しているという感覚は、人間にとって大変重要な人生の原動力になる。これについてエレン・ランガー教授は『ハーバード大学教授が語る「老い」に負けない生き方』(桜田直美訳、アスペクト)で次のように述べている。

「私は同僚のジューディス・ロディンと共同で、老人ホームの入居者を対象にしたある実験を行った。老人たちを二つのグループに分け、一つのグループには、いろいろなことを自分で決めてもらうようにする。たとえば、訪問客と面会する場所や、ホームで上映される映画を観るかどうか、観るとしたらいつ観るか、といったようなことだ。また、このグループの老人たちは、自分で世話をする植木を選ぶことができる。植木を置く場所や、水やりの時間、水の量も、自分で決めることになる。もう一つのグループの老人たちには、いつも通りの老人ホームの生活を送ってもらった。自分で何かを決めるような指示はしていない。彼らの部屋にも植物はあるが、水やりはいつも通りスタッフの仕事だ。(中略) 実験を始めてから一年半がたち、自分で決めるグループと、いつも通りのグループの間には、大きな違いが見られるようになった。自分で決めるグループのメンバーのほうが、より元気があり、活動的で、頭の働きもしっかりしている。(中略) 自分で決めるグループから出た死亡者は、いつも通りのグループの死亡者の半分にも満たなかった」

このように**自分の人生を自分で決めて選択していれば、幸せになれるだけでなく健康にまでなれる。**だからどんなに老いて体が弱っても、人生の舵はできるかぎり自分で切ったほうがいい。自ら選択し決定することが増えるほど、人生の幸福感や達成感、自尊感情は高まるからだ。

　私はまだ64歳だけれど、パーキンソン病によって体が少しずつ固まりつつある。前へ進むには、ひとまず両足でまっすぐ立つことが必要なのに、病気のせいでそれさえおぼつかない状態だ。1歩足を踏み出したはいいが、次の1歩を出す前にバランスを崩して倒れてしまうことも多い。最後に両足で颯爽と走ったのは、いつのことだろう。また腕や指も思うように動かないため、時が経つにつれできないことが1つ2つと増えてきた。最近は他に方法がないのでヘルパーの手もかなり借りている。人に頼らざるを得ない身の上は決して愉快ではないけれど、そうするしかないのが現実だ。

　だが、そういう状況になればなるほど、この瞬間に何をしようか慎重に考えて決めるようになるものだ。今日は誰と会おうか、90歳の母とはお昼に何を食べようか、髪を染めようか、どの映画を見ようか、どんな本を読み、友達にはどんなメールを送ろうか、悩み抜いて決めるようになる。体調が悪くてベッドから起きられない時は、体調が良くなったら何をしようか考

える。そうすると自分はまだたくさんのことを決めて選ぶこと
ができるのだとわかり、それができて本当によかったと思える
ようになる。

　この世はまだ私の知らないことだらけで、学べることであふ
れているというのもうれしい。

　**せっかく今日も目覚めて起きられたのだから、楽しく過ごし
てステキな思い出をいっぱい作らなきゃ！**

　それが私の１日の過ごし方であり、老いに向き合う姿勢であ
る。

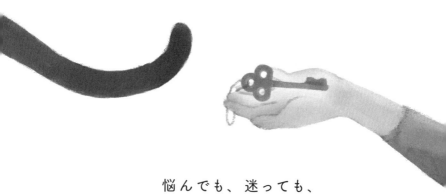

悩んでも、迷っても、
苦しんでも、
あなたはもう、大丈夫。

［著者］

キム・ヘナム

精神分析医。1959年ソウル出身。高麗大学校
医科大学を卒業し、国立精神病院（現国立精神
健康センター）において12年にわたり精神分析の
専門家として勤務。ソウル大学校医科大学招聘
教授として教鞭を執り、キム・ヘナム神経精神科
医院の院長として患者を診る。五人兄妹の三番目
として生まれ、常に両親の愛情に飢えていた経験
を持つ。愛情を独占していたのは仲の良かったす
ぐ上の姉で、羨望と嫉妬の感情を抱きながら育っ
たが、高三の時、この姉が突然の死を迎え、衝
撃を受ける。医科大学に入学したのは、このとき
の体験がもとになっている。42歳でパーキンソン
病を患う。著書に『もし私が人生をやり直せたら』
（岡崎暢子訳、ダイヤモンド社）がある。

［訳者］

渡辺麻土香

韓日翻訳者。大学卒業後、紆余曲折を経て翻訳
者に転身。バラエティー番組の字幕やウェブ小
説、人文書に至るまで幅広いジャンルの翻訳に携
わる。訳書にキム・ヨンソプ『アンコンタクト 非接
触の経済学』（小学館）、オリガ・グレベンニク『戦
争日記:鉛筆1本で描いたウクライナのある家族の
日々』（河出書房新社）、ソン・ウォンピョン『威風
堂々キツネの尻尾』（永岡書店）、ペク・ソルフィ／
ホン・スミン『魔法少女はなぜ世界を救えなかった
のか?』（晶文社）などがある。

［ブックデザイン］アルビレオ
［イラストレーション］三上 唯
［DTP］茂呂田 剛（M＆K）
［校正校閲］麦秋アートセンター

「大人」を解放する30歳からの心理学

2024年6月15日　初版発行

著　者　キム・ヘナム

訳　者　渡辺麻土香

発行者　菅沼博道

発行所　株式会社CCCメディアハウス
〒141-8205 東京都品川区上大崎3丁目1番1号
電話　049-293-9553（販売）　03-5436-5735（編集）
http://books.cccmh.co.jp

印刷・製本　図書印刷株式会社